讓生命潛能 帶你探索心靈世界的真、善、美
Life Potential Publishing Co., Ltd

印加能量療法

Shaman, Healer, Sage

How to Heal Yourself and Others with the Energy Medicine of the Americas

一位心理學家的薩滿學習之旅

◆

阿貝托・維洛多博士Alberto Villoldo, PH.D.著 許桂綿譯

推薦語

本書揉合了說故事人和治療師的洋溢才華，同時成功地將一系列實用方法分享給眾人，使讀者能將其應用在日常生活裡。維洛多博士幫助人們找尋心靈的法則，引導我們邁向最終的療癒。

——珊德拉・英格曼（Sandra Ingerman）《靈魂召喚與大地之藥》作者

本書引領人們逕赴一場神祕發光世界的探險，記錄了祕魯安地斯山區居民所延續傳承的印加智慧；它如同一個邀請，要人們去領會自身生命中靈魂的真相。

——馬丁・古德曼（Martin Goodman）《尋找神聖之母》作者

我們終於看到一位誠懇的心靈追尋者、他同時是學者和老師，將美洲原住民豐富的知識遺產介紹出來，使其在當今世上偉大的精神傳承當中，掙得其應有的一席之地。

——魯道夫・巴倫坦（Rudolph Ballentine, M.D.）《根源治療》作者

本書是針對古老而神聖的知識所做的詳盡整理，是一本巫師工作手冊，說明了其協助存在體（人類）進化的實務工作。

——海瑟・瓦倫西亞（Heather Valencia）《夢之后》作者

全書呈現出令人耳目一新的完整性。維洛多將自己奉獻給有著數世紀歷史的古老治療技術，為此我們要感激他的努力。不妨運用本書，踏上你個人的療癒旅程吧！

——佩格・喬丹（Peg Jordan）《妥切的直覺》作者

目錄

推薦序　將神聖與無限的體驗帶到當下　李育青　I
推薦序　體驗巫術智慧　魯宓　III
前　言　踏上薩滿學習之旅　1

第一部　巫師的教誨　11
第一章　體驗治療與無限　17
第二章　我的巫術老師們　35
第三章　發光能量場　55

第二部　能量世界　87
第四章　七彩脈輪　91
第五章　巫師的觀看之道　143
第六章　神聖空間　177

第三部　能量治療的工作　197
第七章　光啓治療　201
第八章　祛除療程　227
第九章　死亡紀事　265
後　記　走出時間之外　297

推薦序——

將神聖與無限的體驗帶到當下

李育青

哲學家康德曾說：「世間最美的，莫過於天上的星辰，和人們心靈深處的『眞實』。」我們一輩子辛勞與尋覓所留下的，只不過是如「我是怎樣的人，曾做過怎樣的事」這般的記憶與印記，除此之外，一無所有。也許經歷了各式各樣的學習，也許變得有智慧了，然而究竟有何不同？我們也說不上來。只是我們不再仰望星辰，不再驚嘆生命的奇蹟，心靈逐漸荒蕪，一步接著一步，遠離美與眞實。於是帶著空洞的心與靈魂，我們不斷地尋找替代品，直到世界停止旋轉。

再度細細回顧這本讓生命轉彎的書《印加能量療法》，觸動心弦的仍是那些在永恆時空中對我們說話的故事。它們讓我們明白薩滿的道途，並不在於到神祕的處所或另個世界去追尋奇幻與超自然的經驗，而是把對「神聖」與「無限」的體驗帶到此時此刻，帶到這個我們每天醒來，就充滿了忙碌、焦慮與疏離的世界。正是這個去神聖化、滿是制約的世界最需要轉化，特別是從我們自身的療癒做起。這樣的體會並不只源於在祕魯的雪峰上與自然界精靈的神祕接觸，或來自於亞馬遜叢林中飲用「死神之藤」的儀式。眞正不可思議的是明白在生命的每個片刻，不論看起來多麼凡俗，都蘊含著種種令人驚嘆的質地。感受這樣的品質並充分地在每個當下展現出來，帶著美感，有覺知地過生活。這也許是阿貝托博士書中文字背後的眞義，也是印加薩滿傳承的精神所在。

「抵達我們出發之地，並以初識之心看待這個地方。」第一次充分了解艾略特詩中的意思，薩滿是一種充滿詩意的生活態度，再也沒有比生命本身與自然界自由的靈魂更好的老師了。經由這種開放的語彙和隱喻，得以覺察理智的頭腦如何困住我們的心，也得以發自內心地去覺察我們的情感、話語、決定、行動與這活生生的宇宙意識，是如此親密的連結並相互輝映。

這本書就像一個隱喻豐富而精微的旅程，帶我們回到那眾神的臨在，回到那穩固、直接、純淨、存在於「彼時」的世界，同時也藉由架起那座彩虹橋，在現實這個看似凡俗而虛無的世界，撫慰我們對神聖的渴望與對存在的鄉愁。在此誠摯地引介給許許多多素未謀面卻永存我心的讀者夥伴們。

李育青 Apuchin（飛翔的山或禿鷹）

● 開業牙醫師、臼井靈氣治療師、印加薩滿，前生態關懷者協會理事長。

推薦序——

體驗巫術智慧

魯宓

對外界而言，我們習於把美洲原住民的精神文明以「巫術」統稱，並且存有刻板的印象，認爲巫術還是繁複的儀式與黑暗的獻祭（歐洲人當初的印象）。但是，歐洲文化的入侵與掠奪，對原住民雖然是一大災難，原住民的巫術傳統歷經滅絕的洗禮後，反而脫胎換骨，捨棄了繁瑣不實的表面，成爲一種極有效率的修行之道，能夠直接與天地溝通，體驗宇宙的眞相。事實上，反觀世上各大信仰，能夠發揚光大者如基督教、回教、佛教……當初都經歷過類似的浩劫洗禮，才能汰繁化簡，贏得人心。不過，當這些信仰發展成爲宗教的形式後，就難免累積人爲的包袱，成爲華而不實的龐大組織。

現在，南美洲的巫術文化再度受到重視。這次，他們不採用宗教的信仰形式，而是透過理性的橋樑，與西方文化產生接觸。本書就是一個很好的例子。本書作者具有心理學與人類學博士學位，接受了嚴謹的理性治學訓練，因而了解西方科學在身心靈探討上的不足，於是花了二十餘年時間深入美洲的原住民文化，跟隨薩滿導師學習。這類的橋樑人物通常能夠接納兩種文化的長處，體驗到理性無法觸及的神祕，也能夠運用理性加以整理歸納，成爲一般人都可以理解的系統——《印加能量療法》。

以能量觀來解釋宇宙的眞相，雖然是遠古薩滿就有的作法，但直到近代，才在科學領域得到了呼應。最尖端的物理研究已經打破了質能的界限，甚至連時間都不再是絕對的，一切都是無常的能量。以能量來解釋性靈，是所謂「新時代運動（New Age）」的特徵。古老的巫術智慧在此與現代的性靈思維相結合，都是有跡可尋的必然趨勢。

維洛多博士在書中清晰闡述了印加文化的傳統靈魂治療術，由於本書並不是維洛多博士的第一本書，因此在陳述上已經有登堂入室的規模。許多關於治療體驗的描述（如光啓過程與脈輪治療），其實都是無法實際討論的現象，只能聆聽，信或不信，然後就需要親身的摸索與嘗試。所以，本書並不只是理念的傳達而已，也要當成是一本自身體驗的操作手冊。操作手冊難以避免要使用許多分門別類的界定，但必須自證後，這些界定才有意義可言。文字永遠無法取代自身的體驗。

在本書描述的眾多現象中，我覺得有一項很適合理性的探索，那就是巫術經驗的「神聖空間」。根據巫術的觀念，神聖空間是薩滿施展奇蹟與特異功能的前提條件。當一個眞正具有特異功能的薩滿在眾人面前施術時，以最新的物理理論來說，就是這個人具有足夠的能量，能夠在正常的時空中，創造出另一個不同的時空，也就是神聖空間，這個不同的時空有如一個泡泡般存在於我們的日常現實中，但具有不同的法則，容許質能互換的現象發生，對我們所處的時空而言，這些法則就成爲了奇蹟，像是行走於水上，或變出食物，或爲人醫療治病。凡是能夠感應到這些奇蹟的對象，自身的時空意識也必須受到改變，才能被包含在這個時空泡泡當中。所以，施展特異功能的人與感受特異功能的人，都必須是「參與者」才行，也就是說，都必須發生意識與知覺狀態的轉化，才能進入神聖空間。

因此，神聖空間只有參與者，沒有旁觀者。這個觀念對當今的社會亂象尤其有參考價值，可藉此看穿許多光怪陸離的花招（如隔空抓藥或念力折物等等）。

魯宓

● 美國德州大學奧斯汀分校藝術碩士，現專事翻譯。譯有唐望故事系列：《巫士唐望的教誨》、《解離的真實》、《巫士唐望的世界》、《力量的傳奇》、《巫士的傳承》、《老鷹的贈與》、《內在的火焰》、《寂靜的知識》、《作夢的藝術》、《戰士旅行者》等。

前言——踏上薩滿學習之旅

此書是我跟隨印加薩滿導師旅行、探索、學習的經驗所得。印加文明是美洲最偉大的文明之一，是馬丘比丘城（Machu Picchu）的建造者，印加人住在這高踞雲端的城市，每天夜晚，市內的運河系統會釋放出大量的水來清洗鵝卵石鋪成的街道。五千年來，當地的薩滿們一貫以能量醫術來施行治療，並以口述的方式代代傳承。我花了二十五年的時間追隨最精湛的印加巫醫作研究，在安地斯高山上和亞馬遜地區所接受的儀式考驗，皆和古老的傳統緊緊相連，有時往往需要數月的準備時間。他們幫助信徒們從恐懼、貪婪、暴力、掠奪式的行爲中解脫出來。

我個人的探究是由一位老印加人安東尼歐·莫拉里（Antonio Morales）來引導。我們倆在亞馬遜和安地斯高山上的探險都記錄在我先前的著作《四風之舞》（*Dance of the*

Four Winds）和《日之島》（*Island of the Sun*）二書中。

本書裡所記述運用精神與光的治療法，是我對古老的醫療術所作的現代詮釋。薩滿們看待世界的方法，即我所稱的「第二覺知」以及「祛除療程」（Extraction Process），在今天的北美和南美各地仍舊被普遍地使用。死亡的儀式來自於亞馬遜巫術，並且形成許多人所發現的知識體的一部分，他們的發現已然超越現代人對時間和死亡的觀點。「光啓療程」（Illumination Process）是我和我的老師安東尼歐，從印加醫療僅存的一鱗半爪中發展出來的，主要是透過人體的發光能量場來進行治療。此一治療技術具有超凡的力量、效果強大，且只能與人類深層的道德力量結合之後方得應用。

本書第一部主要在提供背景說明，闡述這些印加治療技術所根源的信仰系統，第二部則在提供一些技巧，教導您如何以薩滿之眼看待世界、如何創造神聖的空間，及一些可以親自實驗的練習，有助於你達成個人的治療。但是請特別注意，千萬別在未接受正統的巫術老師充分訓練之前，就貿然與他人進行這類的治療技巧。第三部描述了必須由專業巫術老師實行的高階技術，這些老師曾經跟隨技藝精湛的薩滿學習，得到薩滿的指點。篇章中詳述了祛除外來能量和入侵靈體的步驟，也闡明如何協助親人踏上返回靈魂世界的旅程。

能量治療對當事者和治療師兩者而言，都具有某種程度的危險性，有太多訓練不佳的執行者在施行能量治療時，並未了解到人類能量場的運作原理。我曾經看過有人罹患了癌症，治療者卻在他的腫瘤上施行能量治療，結果益加使癌細胞擴散到全身。他們無法相信的是，癌細胞會因某些特殊能量形式的刺激而加速生長。我也見過有人遭遇嚴重的心理症狀，卻因接受了不合格治療師的治療，結果使得情況加劇，促使神經系統的癥狀或者運作不良的世界觀愈趨嚴重。

其中一個案例是一名婦女，她的小孩不幸在一場車禍中喪生，她求助於靈媒，那名靈媒跟她說，她的女兒永遠都在她身邊，她所要做的就是把自己敞開來，如此就能感覺到女兒的存在，這婦人立即有一種豁然解脫的感覺。然而幾天之後，她卻開始失眠，一個禮拜之後她來找我，見到我的第一句話卻是她很想死，而且已經準備好交出她的生命。當我爲她測試是否有任何外來靈體侵入她的體內時，果不其然，那女孩的靈魂已經附著在她媽媽透明的能量場內，正意圖從突然死亡的苦惱和混沌中找尋避難所。那位治療師的建議——敞開自己，雖然用意良好，卻把母女兩人鎖在情緒的旋渦中，不斷遭受精神的折磨。

我的第一階段療程，是讓母親將女兒釋放出來，讓她回到發光世界，那裡的個體將帶她返回靈魂世界的光之中。要這個女兒放掉原本安全的避難所著實非常困難，在光啓的過程中，這個母親終於看見死亡其實是一扇通往無限的大門，她感覺到女兒原來與她僅隔著一層紗，接著她再度陷入沉睡，於是我們將她能量場中的缺口封起，她女兒的靈魂就是從那缺口進入的；就如同裂開的傷口一般，這個裂隙等於是對投機靈魂體及其他干擾能量提出邀請。

接下來的幾段療程，我們著重於療癒她的傷痛，鼓勵她找個專門爲人解決失親傷慟的心理醫生，我相信如果這名母親繼續遵從那名靈媒的「忠告」，最後一定免不了要自尋絕路。恰恰相反的，她重拾起勇氣和堅定，走向療癒的旅程，如今已成爲一個才華洋溢、富於同情心的治療師，協助了許多遭遇失親悲慟的人。

黑色邪術與白色奇蹟

在我二十出頭的那幾年，有一次我準備赴亞馬遜做一趟探險旅行，正巧接到一通贊助我研究的基金會的電話，他們需要一位人類學者協助進行有關海地巫毒術士的研究。基金會的人告訴我，那項研究只需十天，主要工作是協助另一位資深人類學家的研究計畫，他試圖以基金會正在審閱我返回亞馬遜的資格申請來說服我答應。五天之後，我便抵達了太子港。

那名資深的人類學家已年屆四十，在我到達之前，他已在海地待了一段時間，那時期正是該地氣候較舒適的季節，他向我解釋，在島上殖民的法國人是新大陸上最兇惡的奴主，到美國求生的非洲奴隸平均壽命是三十年，但不幸在海地登陸的奴僕們，其生涯卻只有兩年。他繼續解釋，巫毒原本是源自於非洲下撒哈拉地區的治療傳統，而在海地，它也被用來傷害敵對的人，尤其是那些粗暴兇殘的雇主；他說，兩者所用的技巧大致相同，同樣的法術可用來治療人，也可用來傷害人；刺激免疫系統掃除癌細胞腫瘤的方法，同樣可以拿來在免疫系統上撒下些廢物，讓那倒楣的犧牲者在數週之內罹患肺炎而死。

那時年輕氣盛的我，總擺脫不了自以爲是。在我的猜測裡，黑色魔法僅對那些相信的人有效，只要不採信，便發揮不了作用。我記得那時我坐在海邊一個小咖啡廳裡，對著這名資深人類學家高談我所認爲的事實，他看著我，只微微一笑。我說：「我願意押上賭金。」他回答：「就這麼說定。」於是我們同意以一百美元來打賭巫毒法術對我無效。我們啓程前往一名巫毒術士家中，這名老術士從前曾隨他一同工作，老人住在一個搖晃得幾乎解體的木造茅屋內，屋子就搭在山頂上，可以向下俯看整座小鎮。我這位同伴用流利的海地克里歐族方言隨意介紹之後，就繼續向這位老者說明，我不相信巫毒術，認爲老人所做的魔法都是假裝出來的，而現在他準備要教我一課。幸而我僅懂的些許法文還讓我明白其中一些詞。他說：「別傷到他。」老者轉向我，微微一笑，「你想相信嗎？」他用一口破英文問我，然後咯咯地大笑，我們同意他在下星期的禮拜一施行法術，也就是我回加州之後。

商定的那一天，我正和友人吃著晚餐，談我的海地經驗和巫毒的治療力量，我侃侃而談「相信」是多麼重要的一個元素，不但對治療是如此，對傷害敵人而言亦如此。只要你不活在那樣的信仰氛圍內，便根本起不了作用，而我就是活生生的例證，因爲就在那天傍晚，那名海地的邪惡巫毒術士正對我作法，卻無效。

在坐的每個人皆舉杯慶賀我身體無恙。那是禮拜一的晚上，接下來的星期二和星期三，我亦未感覺任何異狀，直到星期四下午，我開始感到頭痛，傍晚時分已經演變成偏頭痛，到了晚上八點，我的肚子已疼得紐絞成一團，腸子痙攣，且不自主地想吐。半夜時，電話響起了，是那名人類學家從海地打來的電話。他說他們無法依約在禮拜一對我作法，但是就在那天他們做了，他剛從作法儀式上返回所住的旅館，想知道我是否感覺到什麼。我對著電話筒哀嚎，告訴他趕快回去要那巫師解除所有對我作的法，不管那是什麼法。就在那一刻，我感覺到就算死也是個愉快的解脫。

隔天早上，我已經好得差不多了，但仍嘗試說服自己，昨晚一定是某個蟲子跑到腸子裡去了，我跑到大學的健康中心想查個究竟，但醫生告訴我，我的腸道乾淨得很，沒有任何寄生蟲。這一課花了我一百美元，這對當時仍是研究生的我可是一筆不小的數目，而且還給了我一生中最難捱的一個夜晚。

道德良知是治療關鍵

我發現，正如你可以透過能量治療來幫助人，你也可以藉此傷害他們。我後來更了解到，一個技術不良的巫師所施行的能量治療，根本就等同於邪術，不管治療師的用意是多麼良善。邪術不僅發生於海地、路易斯安那的海灣，而是任何一個地方，有些原本出發點良好的治療者伸出援助之手，但卻不自覺地把有毒能量傳送給人們。學生們有時會以爲，只要是關懷別人，這種事就不可能發生，因爲想當然此一能量會是純潔而神聖的。我都會提醒這些學生，我們常會以愛之名，卻將痛苦加諸他人。同時，我也發現另一種我們加諸在自己身上的邪術，那就是負面的想法和觀念，它不僅使我們遠離自己的力量，同時在自我的免疫系統上也掀起破壞之風。

不管如何，那天晚上我所學到最重要的一課就是，治療師的道德良心是治療過程最關鍵的要素。巫師們所受的十年訓練之中，專注於提升個人的道德境界就占了很大一部分，那是一種奠基於對所有生命深刻尊敬的一套價值體系，只有在達成那一刻，所有技巧才能被正確地運用；同樣地，一名西醫也要花上至少五年的時間學習醫技，若是把自己的健康交給一個才上了一個禮拜能量治療工作坊的人，是否是謹愼的作法？

這恰巧是那些上過短暫能量治療或巫術課程的西方人所面臨的一大難題。假使你感到需要學習能量治療，那麼儘量找到品德高尙、有智慧及有專業知識技能，能協助你發展精神天賦的老師。

我個人學習巫術的旅程，一直以來就被想達到身心合一境界的欲望所導引。爲了治療自己靈魂的傷口，我學著愛自己和愛別人。我踏著受傷治療師的步伐，學習將內心的痛苦、悲傷、憤怒、羞愧轉化成源源不斷的力量和同情。我之所以能夠感受他人的痛苦，是因爲我深知受傷的滋味。每一位學生都會步上自我治療的旅程，他們在其中將靈魂的傷口轉化成力量的泉源，學生們知道，那將會是往後獻給受治療者的最美好的禮物：從痛苦中發掘力量。學生們也學到，事實上治療是人們自己所啓動的一趟旅程，而不是治療師所演練的一套過程。

最後我想表白的是，本書中所說的治療方法，是我個人對古老治療技術的統合整理，我並不在爲我的老師、印加人或美洲原住民巫師發聲。雖然我獲得了跟隨印加最精湛的巫醫學習的機會，但目的不在提出一套對印加傳統的解釋。當中所描術的治療技術皆是我在接受薩滿訓練時所學的，我將爲它們的美與缺憾之處負起全責。

第一部

巫師的教誨

在美洲原住民部落裡，巫師施行能量治療的傳統已有超過五千年的歷史，有些巫師甚至相信，他們的精神傳承可以追溯至更早以前，他們至今仍對祖母傳給孫女、敘述大地初創時期的種種古老故事記憶猶新。雖然美洲早期的住民發展出極爲複雜而精細的天文、數學、建築工藝，但書寫文字卻從未發明出來，一如世界其他地方（譯注：馬雅民族是個例外，他們發展出象形文字，但多數的文字仍有待人類學者解讀）。學者們長期忽略美洲原住民的精神傳統，僅側重留下文字紀錄而容易理解的猶太教、基督教和佛教傳承。舉例來說，當西方神學論者研究佛教義理已然超過兩個世紀，對美洲原住民精神傳統的眞正興趣卻直到最近四十年方才浮現，至於巫術的研究則又落在人類學者身上，他們多半未曾接受足夠的精神和靈魂學的訓練，唯一著名的例外是瑪格莉特．米德（Margaret Mead）。

爲數眾多的北美印第安人被歐洲移民大肆蹂躪之後，倖存的部落被迫遷移到疾病孳生的保留區，在那裡，部族長老小心翼翼地護衛他們的精神傳統。我們可以理解，長老多半不願與掌控他們的白人分享其知識傳承。祕魯印第安人的日子也不好過，西班牙的征服者抵達祕魯之後，雖因四處尋找金礦而未加害印加的精神傳統，仍任其自由流傳，但征服者所忽略的，傳教士卻毫不留情施加破壞。

抵達南美洲那一幫烏合的金礦追逐者，帶來了一連串當地印第安人聽來極難理解的觀念和信仰。首先，他們認爲世上所有食物是屬於人類的，人類擁有至高無上的神聖權力，尤其是歐洲人，他們自認爲是地球上動物和植物的主人。其次，人類無法與河流、動物、山巒或上帝對話；再其次，人類必須等到時光的盡頭，方能體會何謂無限。

對這些原住民而言，再沒有比這些更荒謬的了。當歐洲人相信他們是被逐出了伊甸園，印第安人卻深知他們是花園的服事者和照顧者。他們仍舊與潺潺的河流、低語的山巒對話，甚至在風中諦聽上帝的聲音。當年身在祕魯的西班牙年譜作者寫道，當征服者皮查洛遇見印加酋長阿塔瓦帕時，皮查洛給了他一本聖經，對他解釋「上帝」這個字。這位酋長把書冊貼近耳邊，仔細傾聽片刻，然後重重將聖經摔在地上，驚呼道：「這是什麼上帝，完全不說話？」

除了驚訝於歐洲人的上帝竟如此靜默之外，原住民們還深深爲上帝的性別所困惑。征服者帶來了可敬的神話故事，但這神話故事卻威脅到原住民的女性傳統。在西班牙人到來之前，大地之母及其女性的形式——如洞穴及地表上的裂口，皆代表了神聖的根源，而歐洲人卻認爲男性的陽具才是神聖的根源，那是生命之樹。四處聳起的教堂尖塔高高地指向天空，女性的大地卻不再受到崇拜和尊敬，於是，土地上的樹木、野獸、森林都成爲人們掠奪的對象。

直至今日，我們仍生活在這種疏離的世界觀中，我們相信只要是不呼吸、不移動、不生長的東西，就不是活的東西。我們對於能量的想法僅限於所使用的燃料，譬如木材、石油、煤礦；相對的，在古老的文化裡，能量被認爲是宇宙間構成生命的元素，是使萬物得以具體顯形的要素。或許當代最足以描述此一觀念的，就屬愛因斯坦的方程式，當他欲描述能量與物質間的關係時，列出了以下公式：$E=MC^2$。在西方，我們習慣以物質來思考和辨別事物，物的本身在本質上是有限的；巫師則以能量來辨識事物，能量則爲無限。

古代美洲人和現代美洲人還有另一項基本差異，即現代人是遵循戒規的動物，我們生存在一個由法條規範的社會，所有事物皆倚賴某些書寫文件，諸如憲法、十誡，或由選舉的代議士通過的法律作爲維持社會秩序或改革的依據。古希臘人則非如此，他們是概念的動物，其興趣不在規則而在概念，他們認爲單一的概念便足以改變世界，而且沒有任何事情比得上一個時機成熟的觀念更具力量。

巫師則是知覺的動物，當他們想要改變世界，便會用心於知覺的轉換，以此來改變他與生命的關係。對於可能的事，他們積極想像，外在世界便因而改變，這就是爲何印加長老能夠圍坐在一起冥想，想像一個未來的世界，好讓子孫們來繼承。

能量治療之所以被嚴密守護的原因之一，即因它們時常被誤認為是一套技巧，正如同西方醫學有時亦被認為是一系列的步驟。我們誤以為人們可以藉由學習一套規則來獲得能量治療的技術。事實上，對巫師而言，能量治療無關規則，卻與靈魂有關，雖然治療的技術因個別村莊而異，但靈魂卻絕不會改變；**真正的治療其實正是對自我內在特質的醒覺和對於「無限」的體驗。**

第1章 體驗治療與無限

我們已經步行數天，我告訴安東尼歐，我不介意出錢改搭巴士或租輛計程車，但他還是一付事不關己的模樣，甚至不讓我雇匹馬來坐坐。「我們族裡的人向來都走路的。」他說。安東尼歐還特別喜歡提醒我，他年近七十卻還比我能走的事實。

抵達席魯斯塔尼（Sillustani）後，我脫下鞋子，把腳浸泡在冰涼的湖水中。這是個令人毛骨悚然的地方，一個綿延達十數英哩的墳場，就如同埃及的國王谷，唯有巫師、國王、皇后安葬於此，所有棺木皆放在的的喀喀湖邊一座巨大的石塔內。一流的石匠就來自於這塊土地，如此高超的技巧是如何在這世界之巔的湖畔發展出來的，著實令人迷惑。

安東尼歐解釋，這些專用於墓葬的石塔，不僅紀念死去的巫師，也是他們回來拜訪世界時暫時的居所。他們是完全自由而有力量的靈魂，只要願意，就能把任何想像中的東西具體化。他的解釋並不能讓我感覺自在些，因為我們必須在此過夜，進行儀式來瞻仰這些古代巫師。

「他們已經走出了時間的範疇。」他解釋，假使我對現實的理解奠基於時間只朝一個方向流動，那麼我所有的理解將會被未來的經驗撕得粉碎。「這需要很高的技巧，體驗未來而不讓知識攪亂你的行動或現實。」

——手札

一九八〇年代的那幾年，我花了數百個小時在解剖實驗室中，嘗試弄明白心理如何影響身體，使人呈現出健康或生病的狀態。我進入醫學人類學的領域，著迷於人類心理（mind）的研究。那時我對「精神」（spirituality）的世界尚毫無興趣，不論是一般傳統的說法或新時代（New Age）所著重的研究類型；我深信科學是唯一可信賴的獲取知識的方法。

有一天，我在加州大學實驗室裡，正準備將腦組織的切片放入載玻片上，置於顯微鏡下觀察。人腦是全身上下最複雜的器官，它的無數裂隙使它看起來像個三磅重的胡桃。那些罅隙和腦回是自然的造物主所能想得到、唯一可容納薄而具延展性的新腦層增生而不必加大頭蓋骨容量的方法。人類腦部的進化已經到達解剖學上無法克服的障礙，即骨盤上的環狀骨容納不下一個稍大的頭顱從產道經過。

在顯微鏡下，你可以觀察到數百萬的突觸，將每一個腦細胞與隔鄰的細胞織合在一起，形成超乎想像的生命纖維網絡。這些神經網路傳達了大量的運動及感官知覺的訊息。儘管如此，對腦部構造的著迷是西方人的特有現象，埃及人對此並不熱中，在人死亡之後，他們將腦部溶解後吸出，而將身體其他部位乾燥化製成木乃伊保存。那天我們在實驗室裡所爭執的，即人類的心理是否受制於腦，或進而受制於身體，我所知的是，假使腦眞如此簡單到容易去了解，那麼「人們」必因如此而無法去了解。無論我們如何小心翼翼檢視腦的細部構造，心理層面的各種狀況卻反而愈來愈模糊。我對腦的認識愈多，就愈發分不清「心理」究竟是怎樣一回事。

我相信在現代醫學到來之前，人類已經依恃己力生存了數百萬年，體內的身心機制自然了解通往健康的道路，因此人們在傷口感染之後終能成功存活，即使在前往取水的途中摔下溪谷而骨頭斷裂，最後也能復原。直到五十年前，看醫生仍比待在家中讓自己的身體和心理自然復原，來得風險高。

二十世紀早期，醫學的發展只在診斷上有所成就，治病的各種技巧、有效藥物及外科手術尚付之闕如，直到二次大戰時期，種種醫術才漸漸成熟起來。像世界上第一種有效的抗生素盤尼西林，便遲至一九四〇年才開始使用。既然醫學的發展在二十世紀中期以前如此遲緩無望，我們的祖先是如何在漫長的數千年歲月中維持健康呢？當時的部落族群是否得知任何有關身體與心理的知識，卻是我們所不知的呢？也就是那些古老而已被遺忘，如今正試圖在實驗室中等待被重新發現的智慧呢？

身心症（心理影響身體的症狀）的概念如今已經被相當程度的理解，但最初它是與憂鬱症有關——一切都在腦子裡發生。心理對於身體的影響力已經獲得研究證實，就某方面而言，我們在年幼時期都是擅長製造身心症的專家。我記得在六歲時，如果我想逃課，就可以在短短數分鐘內發展出感冒的各種症狀。身心症違反了億萬年來，人類因進化而在身體上所發展出的每一種生存本能，想想看，心理的力量需多麼強大，才能夠凌駕一切生存和自我防衛機制。您不妨想像，若我們能將自身的所有資源集合起來，創造出身心合一的健康，難道不是件幸事！

過去數十年來，精神神經免疫學（簡稱PNI）已經發展出來，研究者發現心理的活動並不局限於腦內，而是遍及全身。坎第斯．伯特博士（Candace Pert）發現，神經胜肽——一種持續在人體血液系統內流動，沖刷每一個細胞內空間的微分子，對體內所產生的每一股感覺、心情、情緒都會做出立即反應，有效將全身浸染或轉化成一種慄的、振動的心理（mind），身體由於是一個整體，因而能夠體驗到每一個感受。心理和身體之間的缺口，終於因此分子的發現而得以填補和得到解答。

我們也同樣發現了身心症的運作模式。每個人都知道，當我們覺得沮喪，體內的每一個細胞也都感到沮喪，免疫防衛機制於是跟著降低，我們便容易生病。笑即使不是最佳良藥，卻一定名列榜首不遠。幾年之後，我離開了實驗室，精神神經免疫學的研究者又發現到巫師們長久以來即已知道的事實，那就是心理與身體本爲一體，但他們仍舊遺漏了一項要素，那便是巫術治療的關鍵——靈魂。

靈魂的探索

二十五、六歲那幾年，我任職於舊金山州立大學，是當時系所裡最年輕的臨床教授，我有自己的實驗室——生物自我規範實驗室，主要在研究能量醫學和心像念力如何改變腦內的化學作用。只要採取百分之五十的能量治療技巧，便能增加腦中腦內啡

（endorphin）的產量，那是腦部自然產生的化學物質，能夠減輕痛苦，創造出舒服恍惚的感覺。我和學生們正逐步揭開令人眩惑的發現，雖然事實上，我是愈來愈清醒。我們的確能影響腦內的化學作用，但對於如何幫助一個罹患重症的患者重拾健康，卻絲毫找不到線索。我們就像孩童，剛發現原來只要混合土和水，就能做成黏土，但我們想做的比那還多，我想知道該如何用它建造房子，或至少用它做器皿。

有一天在實驗室裡，我突然醒悟到，我的研究範圍應該要愈來愈大，而非愈來愈小，顯微鏡對於我所想問的問題，根本是個錯誤的工具，我必須找到一個比腦內神經網路更大的系統。當然，已經有許多人在研究硬體的部分，但我想學習的是如何去運轉這個系統。假使有任何健在的專家，懂得運用人類心理的龐大力量去治療身體，那麼我希望能找到他們，我需要知道他們所知的事。許許多多人類學的故事暗示了我，地球上確實有人宣稱知道這樣的事情，包括澳洲的原住民和祕魯的印加人。

幾個星期之後，我辭去學校的工作。同事們都認爲我瘋了，認爲我把學術的大好前途給隨隨便便丟了。我把實驗室換成了一雙野外健行鞋和一張飛往亞馬遜的機票。我啓程，開始向那些視野未局限於狹小顯微鏡鏡片的研究者學習，向知識體系包含得更廣、超出可測量的物質世界（這些是我被教導的唯一眞實）的人學習。我想找到那些能夠覺察事物之間空隙的人，知覺到那層支配眾生的透明纖維的人。

我的研究終於把我從亞馬遜雨林帶到了祕魯的安地斯山來，在那裡，我遇到了安東尼歐先生，他當時年近七十。就西方人的標準而言，他是個名符其實的窮光蛋，家中沒有電視，甚至沒有電，但他宣稱自己早已體會了「無限」。有一次他告訴我：「我們是透明的個體，正在往赴星辰的途上。」「但你必須先體會了無限，才能明白這個道理。」我記得，當這名巫師首次告訴我，我們如何如何是日月星辰的旅者，打從時間初始的那一刻便亙古存在時，我只微微一笑。這純然是玄奇迷離的民間神話吧，我想，當一個老人踟躕著不願意面對死亡時，就會編織這樣的浪漫遐想。我相信安東尼歐的幻想類似於榮格所描繪的精神原型。安東尼歐用語言詮釋他的神話，而不像我，用符號來表示，不過當時我並未挑戰他的言論。

我曾經試著說服我那虔誠的天主教徒祖母，聖母瑪麗亞並不眞是處女產子，那只是個隱喻，暗諭基督一出生便已開識，上帝之子必已全然領悟了世間事。但我想她必定無法接受這種想法，對她而言，瑪麗亞的處女產子是個歷史事實。安東尼歐這種「無限」的繆思哲學，對我來說也是如此。兩者原本都是適切的隱喻，最後都演變成信條。神話學者約瑟夫・坎貝爾（Joseph Campbell）曾經說，現實是由諸多我們不曾看清楚的神話構成，那就是爲什麼我們很容易成爲他種文化的人類學家——對局外人而言，一切都是透明的，就像國王的新衣一般。

有時，我也試圖向安東尼歐說明，說國王其實是赤裸著身子的，說他誤把神話當成了事實，直到有一次我和他並肩而坐，陪伴一名傳教士迎接死亡的到來，才更清楚他所說的話。

我們拐進了山坳，村子就建在四周，村落的範圍將原本爲印加遺址的部分納入。部分花崗岩砌成的牆垣上，石塊切割得相當完好，塊塊密實地接合，磨擦力本身足以將石塊固定達數個世紀之久。

在阿提普拉諾（Altiplano）的邊緣，印加人建了一處小村落，作爲其文明的前哨站。如今，在過了數千年之後，他們的後代仍居住在這遺址內外，沿著村莊的斜坡闢墾梯田耕作。後院裡雞、豬和駱馬畜養一處，一名印第安婦女正在石臼上推磨收成的玉米。一位老先生領我們到茅屋內。屋影拉長投在地上，我們花了好一會兒才讓眼睛適應屋內的黑暗。一名頭上圍著黑色圍巾的婦女，手持蠟燭，站在床頭，那是一個草鋪成的床，底下用兩個板條箱支撐著，就位在屋子的中央。

草席上躺著一名婦人，僵直著身子，印第安毛毯蓋到下顎，由於形色非常憔悴，讓人難以判斷其年紀。她的皮膚因黃疸而泛黃，頰骨上的皮膚繃得很緊，頸腱尖銳突起，頭髮短而灰，眼睛無神地從空洞的眼窩裡直視天花板。她一動也不動，沒有任何意識的跡象，也完全看不出她知道我們在那兒。

安東尼歐轉過來看著我，他捧著蠟燭，我走上前去，接過蠟燭。他的手撫觸過女子的臉，她的眼睛仍舊盯著天花板。女子的頸項上戴著一串念珠，下端垂著一個銀色的耶穌十字架像。

「是一個傳教士，」他低語。「兩天前，她被印第安人從下面帶上來。」他的手比劃著，指向山丘，又指向下面的叢林。

「她的肝不行了，」我說。「我想她已經昏迷。」我詢問旁人有什麼是我們可以做的。

「什麼也沒法做，她今晚即將死去，我們只能幫助她，讓她的靈魂自由。」

室內燃起了二、三十支蠟燭，把泥土和茅草搭蓋的簡陋屋子一下子變成了小教堂。我坐在門邊一袋玉蜀黍皮上看著我的同伴，他就坐在屋子的另一頭。由於點了這麼多蠟燭，室內的溫度溫暖起來，厚實的泥磚牆把夜晚的沁涼擋在屋外。

他走向床頭，輕輕抬起她的頭，解開頸上的念珠鍊，放在她的左手心，合起手指。安東尼歐向我打了個手勢，要我吹熄蠟燭。

我移步走向環繞屋子四面的牆邊架，此時老印第安人唱起了低沉細碎的誦歌。我回頭看了看，他的眼睛闔起，手放在女子的前額，嘴唇幾乎動也不動。最後只剩下三支蠟燭照亮屋子，燃焦的燭蕊升起的幾縷輕煙在空中飄盪。

安東尼歐把手移到女子心臟的上方一吋處，展開大姆指與食指，開始以逆時針方向劃圈，他的手盤旋著向上升高，進入煙霧繚繞的空中。那是心的脈輪，他做了三次，然後重新把手落在第三脈輪上，從太陽神經叢的皮膚上方半吋之處開始，劃了一個完美的圓，直徑大約有三吋。慢慢地，然後漸漸快起來，盤旋向上，繞向天際。他繼續往下做，在她喉嚨的凹陷處、胃部、前額，最後在她的頭頂劃圓圈。

「看。」他說。

我把視線從他臉部移開，向下看著那軀體，那女子胸前極輕微的起伏。然後安東尼歐重重擊了我腦袋。

那動作疾如閃電。他的手肘抬上來，重重地往我前額撞過來，頓時我頭部一陣暈眩，手則反射性地飛舞起來。

「看。」他說。

在那一瞬間，某個東西隱約從軀體表面浮上來，一種如奶油一般、半透明的東西，飄在身體外圍上方約一吋的地方，然後就消失了。安東尼歐用力抓著我的手臂，把我帶到床頭。

「現在再看，放鬆你的焦點。」

就在那裡，在焦距之外，卻清楚地在那，一道極微細的光芒在她皮膚上方三到四吋處，彷彿一具如其身形狀的發光模子從肉體上浮現。我必須不斷提醒自己別聚焦，我感覺到一陣戰慄從背脊爬上來。

「我是眞的看到了嗎？」我哈著嗓。

「是的，你看到了，我的朋友。」安東尼歐回答。「那是我們早已忘記，被時間和理性給遮掩許久的景象。」

「那是什麼？」

「那是她。」他說。「那就是她的精髓，她發光的軀體，她會叫它做靈魂，她現在想走。」

安東尼歐接著又工作一小時。他反覆剛才的程序，以同樣的耐心和強度重複方才的動作，沒有半點遲疑，專注著手邊的工作。然後他低下頭，嘴唇靠近女子的耳朵低語。突然間她的胸膛鼓了起來，彷彿空氣一下子灌到她嘴裡，進到肺裡面，她重重地喘氣。

「吐氣！」

接著是一聲長長的咳氣聲，好似一陣勞累後的深沉歎息，最後一口氣從胸膛裡滲出來，從嘴裡吐出來。在眼眶之外，我再度瞥到那如牛奶的發光體升起，合成一股不規則、説不上是何形體的東西，乳白而透明的，盤旋在她胸膛上方，又徘徊到喉部、頭上，接著就消失不見。一股安祥之氣籠罩著茅屋。

「那是什麼？」我悄聲説。

「那就是印加人説的「瓦拉可恰」（wiracocha）。」他爲她闔上眼皮。「我很高興你看到了。」

——維洛多與詹德瑞森（Jendresen）合著
《四風之舞》

到了二十多年後的今天，我已能了解老印第安人和他所説的「無限」。我明白，體驗無限可以治癒、進而轉化我們，把我們從俗務的鎖鍊上解放出來，是那鎖鍊把人永遠和疾病、年老銬在一起。二十年來與叢林和安地斯高山上的巫師相處後，我重新發現了我不只是一堆肉和骨，也是靈魂和光做成的。這份了解在我全身上下每一個細胞激起了迴響，我深信它已改變了我治療的方式，以及我年老與步向死亡的方式。對於無限的體驗是光啓過程（**Illumination Process**）的核心，也是本書所談論的治療術的精髓。

在跟隨巫士研究的過程中，我發現到醫治（cure）和療癒（heal）是有所不同的。醫治屬於處方性質，在於補救外顯的問題，如同爆胎之後需補胎，被毒蛇咬傷後需加以處理，或是用化學療法來控制腫瘤，但是它無法幫助你避開路上的釘子、樹林中的蛇虺，或導致腫瘤的疾病。治療的意義則更爲深廣、範圍大而全面。治療能轉化一個人的生命，而且時常（雖不總是）能伴隨製造出一種肉體上的藥方來。我看過許多醫療方法，當中眞正的治療並未發生，我也見過一些雖產生很大的療癒力而病人卻最終死去的例子。療癒源自於對無限的體驗，當一個人步上療癒之路，他會以身體的健全、重新發現心靈的平靜、力量，和一種與生命萬物連結的感覺來衡量所謂成功。

那一次的傳教士事件過後幾個星期，我在馬丘比丘附近山區步行時，竟染上了肺炎。所有抗生素都用上了，但沒有一種能有效控制我的病情，咳嗽的狀況未曾稍歇。每回咳嗽一起，腹部的肌肉就開始痙攣，我帶著極大的痛苦來找安東尼歐。

老印第安人要我在床上躺下，床的底層鋪了一塊他時常放在床腳的披巾，他則坐在我頭頸側邊的椅墊上，開始爲我治療。他向四方召喚，接著向天地祝禱，然後舉起手臂，彷彿要分開頭頂上的空氣。慢慢地，他把它們拉下，帶到身邊，好似要爲一個無形的氣泡展開邊緣。他重複這個動作，這次把氣泡的邊緣往前拓展，像張開一張毯子般將我蓋起，我即刻感覺到一股舒適和慰藉。心中的紛擾和雜音停止了，滑進了靜止和安詳，過去我只在冥想時體驗過這種感覺。

我聽到安東尼歐的聲音在遠處響起，引導我跟隨他的節奏呼吸，我感覺到呼吸加快了，以便跟上他的韻律。我還覺得他的手指在我喉嚨的凹陷處逆時針劃圓，取出一個黏稠、似棉花糖的東西。我是在非常偶然而不經意的情形下注意到這些，彷彿它發生在別人身上，或者在夢裡出現，這一切對我的平靜並未造成一絲干擾。接著，我的左手臂開始不由自主抽搐。「那是有毒能量正離開你的身體，」安東尼歐說。「別怕，讓它自然發生。」抽搐的現象後來又擴散到左肩，下達右腿處。完全是不由自主的，如同人們在沉睡前所感到的一陣顫抖，只是這顫抖持續不退，且強度不斷增加。然後，一如它方才突然來到，現在則戛然停止，之後我陷入沉睡。

約莫一小時後，我醒了，瞥了一眼手錶。安東尼歐仍坐在身旁，他的手正搖晃我的頭。他問我感覺如何，我試著撐起身體，卻發現動彈不得，奇怪的是，我並不覺得懊惱，反而覺得像飄浮在溫暖寧靜的海面上。安東尼歐按摩我的頭皮，幾分鐘後，手和腳已能伸展，我坐了起來。一切彷彿只是睡了一晚好覺，胸口的疼痛也消失不見。我問安東尼歐他做了什麼。「這是光啓，」他解釋。「前面那一小時中，你大部分都在無限裡。」他帶著微笑補充道：「但那只是方便說話的一個數字，因爲在無盡的時間裡，沒有任何人能夠花費可測量的時間。」

他只幫我做了一節，但咳嗽的情形卻幾乎霎時消退。我的免疫系統被撞開了，隱約覺得身體正在復原，甚至更重要的，一種深層的療癒正在復原之外發生。光啓之後，一股持久的平靜和安寧伴隨我，那樣的狀態，我只能形容爲彷彿被賜與了寬容和祝福的幸福，而且此情形持續好幾年。我嘗到解開鎖鍊的自由，那是過去禁梱我的鎖鍊，把我和那段痛苦的歷史、罪愆、悔恨綁在一起，以及我對未來的期盼和焦慮。我嘗到了心靈平和，但兒時的教導卻只讓我相信，如此的恩典只能透過祈禱和上帝的慈愛來獲得。

「我並不在授與任何人恩典或類似的東西，」安東尼歐很快向我澄清。「我只是掌握了一個神聖空間，可以讓你體會到無限，事實上是你自己做到的。」他意圖讓我知道，他只是製造出讓療癒能夠發生的空間來。那空間內的能量以及靈魂世界中發光體的助力，賦予了我力量來療癒自己。

接繫力量的道途

於是我發現，巫士之術其實是一條通往力量的道途，一條直接與靈的力量接繫的道途。自小在基督教環境中成長，我學會祈禱，能每晚一字不差的複誦祈禱，之後我學習了冥想，兩者在我目前的生活裡仍舊是重要的活動。但力量的道途是不同的，你必須在靈的畛域內體驗靈，即在無限之中體驗。當我們能與發光世界的有力能量達到共鳴，強大的療癒力便發生了。過程之中，你將褪掉自我有限的身分，體驗到無限，體驗到萬物合一，造物者與萬物合為一體。

我跟隨老印第安人學習和切磋的治療術，其實是一種古老技術，得以創造出神聖空間，讓奇蹟在其中發生，引導人踏入無限，在超脫現世時間的情況下經驗到光啓，這就是本書所談論的巫術治療的關鍵：光啓療程。

人一旦進入無限，過去和未來便已分解不存在，只剩下此時此刻，我們不再受限於過去的痛苦往事，未來也不是過去的延伸。這並不表示過去被神奇地一筆勾銷，只是失落、痛苦和悲傷僅存一抹記憶，如今它們不再能定義自我。我們了解到自我並不等同於那些故事。體驗了無限之後，心中有關死亡、疾病、年老的幻影便粉碎不見。這不單純是心理上和精神上的過程，體內每一細胞都感受到這股信息，且因此更新。免疫系統掙開了束縛，肉體和情緒的療癒正以加速度發生。奇蹟成爲平常事、一種自發性的寬恕，而原本神奇、不可理解的藥方也變得見怪不怪，終究引發精神的解放和啓迪。當置身於無限之中，我們將能體驗出生之前的我以及死後的我。

我所師學的巫師相信，他能一路跟隨他發光的本體，即我們所稱的靈魂，溯源時間，一如他能在森林裡找到鹿的行蹤。他宣稱曾尾隨本體的光束溯往，直到時間起始之處，以及到達未來，看到那時自己的模樣，甚至見到宇宙將再度回歸初創時的單一。

無限的體驗不應被誤解爲「永遠」，永遠意謂無盡的每一天，永遠所說的是時間，說的是不斷衰老和死亡。無限先於時間本身，在時間誕生之前便已存在。由於無限從未誕生，因而它也不曾死亡。無限的自我是超脫生死的，從不進入時間之流本身，它不隨軀體出生，也不隨軀體的毀敗而衰亡。在無限之中，你跨出線性的時間，進入了神聖。因爲不再以時間界定自己，也不再用即將老去和毀滅的肉身形式來看自己，所以死亡不再威脅那生命倒數之日。此一超脫境界正是世界上許多神話傳統的精神重心，巫士只是發現了實際的方法學來達成這個目標。

我的導師明白，這發光的本體是永恆不朽的。許多人即便相信，但也半信半疑，很少人能如此篤定地知道。讀一本相關的書是不算的。有一次安東尼歐向我解釋，對巫師而言，獲取資訊和擁有眞正的知識是大不相同的。資訊僅只是知道水由兩個氫原子和一個氧原子構成，而知識是徹底理解水的本質，以致於能造出雨來。

數年來，我和安東尼歐把光啓過程公諸於世，它所仰賴的治療技術幾乎被西班牙的征服者和教會給徹底破壞。光啓過程讓人們得以在賦予眾生活力和動力的本源處，獲得重生和更新。當然，如果您刮傷了皮膚，並不需要靈魂的顯現，只需清洗傷口，貼上繃帶，但若是免疫系統不發揮作用，或者至親的人正面對嚴重疾病的威脅，又或者生命之中不斷重複出現痛苦的經驗模式，或許這就是該離棄「有限」和「具象」，轉而向以體驗無限爲本的治療技術探求的時候了。

第2章 我的巫術老師們

午餐時刻，藍秋（Lancho）教授告訴我們沙漠底層巨大標記的故事。藍秋是納茲卡（Nazca）地區的首席考古學家，是那一區最有權力的人物，每一項考古的挖掘工作都需經過他的同意，他還擁有一隊專供他差遣的警察，以便向他保證每一個古蹟地點都完整、未被掠奪。我認識他好多年了，一旦他們逮到偷盜寺廟的人，戰利品全部沒收充公，匯集到當地的博物館，而盜墓者則被送進監獄。他們挖掘出的諸多器物實際上都有上千年的歷史。只要碰上任何他覺得我會喜歡的古物，他就會留給我。在拉丁美洲，事情都是這麼運作的，他不代表法律，因為他就是法律，而我們是朋友。

今天他又給了我一個禮物，裝在鞋盒裡。「即使博物館也沒有這樣的東西。」他說。

打開盒子，我看見一隻木乃伊的手臂，腕上有刺青，那是女巫士暨祭司最高階級的標記。過去，藍秋已給了我不少有趣的古器物，但這一次算是最詭怪的了。安東尼歐知道有人褻瀆巫師之墓，十分不高興。今晚，我們將在沙漠上一個巨大的蜂鳥蝕刻圖案前進行一項儀式，我將重新埋葬這隻手臂，使它回歸土地，那原本屬於它的地方。

我們在夜半時分進行儀式，走到了沙漠上巨大標記的地方，來接受蜂鳥的能量，它體現了巫士為完成其史詩般旅程所需具備的特質。我把那隻木乃伊手臂放在祭壇邊緣，祭壇用一塊簡單的織布鋪成，上面放了安東尼歐的療癒石。當我們在黑暗中看著它，發現那手指似乎在移動，向我們召喚。安東尼歐閉上眼睛，唱起歌來，並搖晃他的響尾蛇鈴。他轉向我，凹陷的棕色眼睛、時時洋溢著慈祥光芒，如今正緩緩地變化，我以為自己注視的是一對貓頭鷹之眼。「她正在受苦，」他以非常肯定的語氣說。「她正為她的人民受苦，他們在許多年前，就在這個地點遭到西班牙人屠殺。我們必須幫助她。」他重新開始了儀式，吹起口哨並唱歌來召喚他們的靈魂。

安東尼歐彷彿也不敢置信，一列亡靈出現在我們面前，他們排成一列，就站在祭壇前面。安東尼歐撫慰每一位亡靈，告訴他們是該休息、回到靈魂世界的家的時候了。他呼喚了族系的所有巫師（發光的靈魂）來協助他們，讓他們一一擺脫痛苦。「除非她知道她的人民已經受到哀悼和撫慰，否則她便一天不能安寧，」他說。當每一位亡靈上前，我能感受到他們的痛苦，小孩失去了父母，年輕婦人失去丈夫，而男子失去了家。

儀式持續了整晚。在黎明時刻，當最後一位亡靈受到撫慰之後，安東尼歐示意我將手臂安葬。「現在她可以安息了，」他說。「那就是為何考古學家會把她給了你，這一切都是她從世界的另一端安排的。她知道我們今天會在此地，將會協助她的人民獲得安慰。」

靈魂的運作確實驚奇……

——手札

我是北美洲第一個與基洛族（Q'ero）有過廣泛接觸的人類學者。基洛族居住在與世隔絕的安地斯山巔上，是如今碩果僅存的印加人。他們嘴裡依舊說純正的基秋亞語（Q'echua），過去五百年來和山下的教會與國家甚少接觸。打從西班牙人入侵時期，其一脈相傳的巫術傳統一直維持原貌，未被傳教士傳播的教義給稀釋。基洛是傳說中印加預言的傳繫者，他們的巫師，包括我的老師安東尼歐，相信其精神傳承可以遠溯到幾十萬年前，而他們尙記得祖母傳給孫輩有關於人類誕生之前的故事。其祖先的精神智慧包括了對生命的概念、死亡後通往無限的旅程、透過發光能量場來治療的技術等等。

早期美洲移民對印第安人的大規模蹂躪，泰半已將多數原住民族群的精神傳承抹滅殆盡，幸運逃過一劫而殘存的治療術則被小心翼翼地守護著。可以理解的，美洲原住民巫師並不十分情願與白人分享他們的傳統。西班牙征服者及伴隨而來的傳教士，毀損了在庫斯科的治療學校，鏟除寺廟，在原基址上建起教堂，還使用寺廟原先的石材來搭建。印加治療傳統不再有秩序地由一群巫師和祭司來維持，這些人業已被宗教審判所迫害。印加的精神和治療技術以口傳方式傳接下去，當天主教會禁止異教徒的各種儀式和祭典，這種精神上的義理便不斷受到時間的撞擊，經過五百年後，所剩的只是些支離破碎的斷簡殘篇。

我們以爲宗教審判所已成爲過去式了，這個殘酷組織終於因啓蒙時期的來臨而告終，此一說法大致而言屬實。宗教審判所的確在多年前關掉了所有的辦事處，但僅一個國家例外——祕魯，這印加古國留存之地。直到今天，最後一間辦事處仍在道明修會的主持下運作，那即是將聖女貞德處死的教會，它的名稱如今改爲根絕偶像崇拜之審判所。今天它存留在安地斯山中，是因此地是美洲大陸上巫術靈魂治療仍舊盛行的唯一地方。今日的祕魯是天主教國家，擁有二千四百萬人口，印第安人占了兩千萬以上，雖然被迫信奉天主教，但依然尋求巫術治療，且延用與五百年前相去不遠的方式祭天拜日。

宗教審判所仍在祕魯維持其有效運作的事實，便足夠將我的注意力拉到了馬丘比丘建造者的後裔身上；而知道他們的巫師依然與河流、樹木、上帝對話，更加大了他們對我的吸引力；其巫師們可能知道一些有關治療身心症狀的古老方法的線索，更促使其令人無法抗拒，這就是為何我開始了這一趟無盡的旅程，從亞馬遜雨林的原始叢林一路遊歷到安地斯山脈的最高峰上。在那裡，我找到了古老的靈魂治療方法，其重點在敘述每一個人皆能體驗到無限，透過此一經驗而得到完整，腳下的土地並不屬於我們，反之，是我們屬於這塊土地，我們仍舊能與上帝溝通，從萬物身上聆聽到上帝的聲音。

在安東尼歐的指引之下，我回溯印加文明起源之處，傾力蒐集五千年歷史之久的能量治療術，那用靈魂和光加以治療的技術。分散在殘存帝國各處的是少數幾個記得古老方法的聖者。安東尼歐於是和我一同走訪了無數村莊和聚落，遇見了二十來個男女巫師，萃取他們的儀式菁華。由於缺少書寫的整體紀錄資料，也就意謂著每一村莊皆有其獨樹一格專有的治療法。我們進入亞馬遜地帶，在那裡尾隨叢林巫師學習了超過十年。我們又沿著祕魯海岸線探訪，從納茲卡，那沙漠底層有著巨大野獸和幾何圖形標記的地點，直到北方地區傳說中的辛巴潟湖（Shimbe lagoons）——祕魯國最聞名巫師的聚居之處。在位於世界之巔的「的的喀喀」湖畔，我們蒐集到一些部族的軼事和其治療術，依據傳說，這些部族是後來建立印加帝國的老祖宗。當我的老師年紀大得無法再旅行之後，我仍持續蒐尋的工作。

安東尼歐和我努力把印加治療所失散的眾多線頭重新織整起來，他把這工作比喻成重新縫製一幅古老織錦畫，那已經因時間和歐洲人的入侵而磨損得面目模糊。這是一幅征服者自以爲已經毀壞到無法修復的地步，而四散在瓦解的印加帝國四處的織錦畫。經過將近二十五年的研究，我們已經一步步把線頭接合，朦朧呈現出巫術知識的輪廓，透過把分散的碎片組織起來，如今顯現出的是一系列神聖的技術，那可以轉化軀體、治療靈魂、改變人們生與死的方式。他們解釋，每個人的周遭皆圍繞一股發光的能量場，其本源植基於無限之中，那是維持健康及實質肉體之振動的母源。

和我們一起工作的聖者包括了羅拉（Laura）女士——一個高地女巫，還有曼紐爾・吉斯普（Manuel Quispe）先生，他是基洛族最年長的巫師。他們每一個人皆代表了印加族的一支，其先祖來自海岸、叢林與高地。從那時起，許多巫術大師便相繼辭世，但高齡九十的曼紐爾先生直到今天仍是我重要的導師。身爲一名人類學者，我認爲把自己的研究來源公告世人，說明清楚以資證明，是非常重要的事，這也是長久以來對於作品缺乏可信度的作者，我提出的一貫要求和堅持，因爲只有他們自己知道研究來源爲何。接下來的幾頁，我將把指引我從事巫術研究的巫師們介紹給讀者，他們每一位都是自我開識的巫師，其工作已成爲傳奇故事，他們是我巫術學習上居功厥偉的老師。

安東尼歐・莫拉里

安東尼歐任教於庫斯科的大學，那時我正在尋找一名翻譯，協助我進行田野調查，最好是個能說流利基秋亞語，即印加語，且能了解並翻譯巫師所使用、帶有各種意義的術語。莫拉里教授恰恰適合這個條件。身材細瘦、穿著四〇年代縫製的二手西裝，襯衫口袋裡時常帶著一個塑膠筆套的他，不僅說著一口流利基秋亞，還是能解譯古印第安詩和哲學的學者，只是他打自內心不喜歡人類學者，他認爲人類學者是當代的掠奪者，來此掠奪他們子民的精神資產。一開始，我並不解爲何他答應和我工作。他拒絕收受任何我委請他翻譯的費用，只在旅途中接受我爲他安排的食宿。直到數年之後我才發現，原來我已成爲他的翻譯，他把我視爲一座橋樑，能把巫師的教誨介紹給西方世界。

一直到那次傳教士事件，我才發現安東尼歐原來過著雙重生活：文明人的大學教授和印第安人的巫醫。他能熟練揮動一節響尾蛇鈴和鷹羽，如同揮動筆一般。身爲學者而受到尊敬，又因巫醫身分而備受敬畏，他正是我苦苦尋覓的治療者，而他也找到了我。安東尼歐早年被棄養，由修女一手帶大，那段時期他白天清掃庫斯科的教堂，晚上則自學讀書寫字。一到冬季（安地斯山的旱季），他便上山來到波卡坦波村（Paucartambo），基洛族所居住的高地，以巫術的方式繼續學習。

啓迪一個人走上巫師之路有很多種方式，其中最直接而致命的就是閃電。安東尼歐十二歲時被一道閃電擊中，他的右耳垂因此不見，並且留下一道疤痕自右肩劃過胸膛直達左臂。意外發生後兩年間，他不能言語，修女們以爲其智力已無法恢復，但是在十五歲以前，他已讀遍所有西方經典文學，而且能說流利的拉丁語和西班牙語。

那閃電已經重新構造了他的腦部，喚醒了潛伏已久的內在能力，使他不但成爲庫斯科少數受過大學教育的麥斯蒂索人（mestizos；歐洲移民與當地原住民的混血），同時又是流著純正血統的山地印第安人。我相信那閃電一定爲他的腦部做了微調，就像高性能的汽車僅能用高辛烷燃料才跑得動。這種特殊狀況使他無法承受任何酒精，只要半杯啤酒就能讓他踉蹌欲倒，舌頭變得滑溜，開始滔滔不絕敘述年輕時的遭遇。只有在此時刻，他才會回答我所有的問題，只是當他喝完第一杯酒後，便停止說話，倒頭大睡。

安東尼歐是我所見過最奇特的人物。有一次我帶了一群學生回到庫斯科，之前已有好幾年沒見到他了，他一聽說我回到城裡，便在淩晨三點啓程，從他的村莊上步行過來。即使年屆七十，他仍拒搭巴士，敏捷強壯如一隻貓。約在早上六點過後不久，他抵達了我們留宿的質樸旅館，敲也不敲門便進了房間，想要給我一個驚喜。我從淋浴間往外看去，正巧看到他像貓般躍入空中，落在我室友身上，室友漢斯是一個中國武術大師。我閉起眼睛，想像我那高齡的老師會發生什麼事，當我睜開眼，卻看見他倆站在床上，握手大笑，像老朋友一般。

安東尼歐是第七級的庫拉克·阿庫耶克（kurak akuyek），是巫師所能獲得的最高階級。他收我爲徒，卻將我當成西方世界等同於他的人。他相信巫術不再專屬於印第安人，西方世界需要一些神聖的教誨，爲二十一世紀創造出新的哲學和生態，他希望我能夠證明他是對的。

曼紐爾·吉斯普先生

曼紐爾·吉斯普先生高齡九十，是印加族中目前仍健在的最年老巫師。我第一次讀到他的故事是在一九六二年國家地理雜誌有關祕魯的一篇特別報導上，那時他五十二歲，被描述為當時基洛族巫師中最年長的一位，而且是唯一記得如何辨認和記算「奎普」（quipu）的人；奎普是套在彩色結繩上的環圈，是印加帝國記錄帳務的工具。一九八九年我遇到他時，他能運用奎普做的事只有講故事，那些印加的數學，他已全忘了，腦中所剩的只有神話故事。

曼紐爾先生出生於基洛族部落裡，是一名農夫的兒子，十五歲那年得了重病，父親帶他找了村中的治療師，但無人能助，即使庫斯科城裡醫療站的醫生也束手無策。他帶著虛弱的兒子打算回到基洛，途中停留在「璜卡」（Huanca）聖地。璜卡是自然之力匯聚的神聖之地，一直以來受到印加人的崇敬，天主教僧侶在其上建造教堂，目的就是要印第安人改信天主。奇蹟出現了，曼紐爾開始進食，重新恢復了元氣。

璜卡位在帕恰圖桑山（Mt. Pachatusan）南面的半山腰上，其名原意為世界之軸。那山之靈給了曼紐爾指引，要他前往另一座聖山「烏魯魯」（Ururu），烏魯魯就在山谷的另一面。接下來的數月，年輕的曼紐爾如同隱士般住在岩洞之中，啜飲從岩壁滲流而出的水，獨自在山中踽踽而行。這就是他首次與「阿普」（apu；聖山）對話的地方。山巒成為他的老師。他曾經在死亡邊緣掙扎，經驗到生命另一端後又返回。在返回基洛的途上，他完成了學習，在一位傳說中基洛巫師的主持下，正式接受通過考驗的儀式。

當我第一次遇見他時，他的前排牙齒全掉光了，他認識我的老師安東尼歐，且同意教導我，但要我回報他一套新牙齒，只是這考驗比我想像中的還要複雜許多。牙醫師首先須拔除他所剩餘的牙齒，一次拔掉一些，而每一次拔牙之後，他都得痛上好幾天。有兩次他幾乎要因麻醉劑過少而痛得昏死過去，還要我爲他每一次的疼痛負責。最後他終於換上一排全新的牙齒，對著鏡中的自己微笑。接下來那個星期，他開始傾囊相授。我們來到奧桑加地山（Mt. Ausangate），他給了我他的哈通．卡佩（hatun karpay），即偉大的傳遞之物，然後叫我跳進Otorongo Warmi Cocha湖裡，即母豹湖。

我難以置信地看著他。「你要我做什麼?」我說。

「跳進湖裡。」他回答：「那是爲了將我牙齒拔掉的所有痛苦。」

我們位於海拔一萬四千呎的高山上，正值隆冬之際，四周已開始飄雪。我背包上的溫度計指著零下十度。湖水源於池中央澈藍的冰河。在那樣的溫度和高度之下，我認爲那一定會害我心臟病發。

「牙醫師沒給你足夠的麻醉劑又不是我的錯。」我說，試圖說服他改變主意。

「在阿普還給我生命之前，我幾乎快死在山腳下。」他說，露出他發亮的新牙向我微笑。「我已經帶你來到聖山，給了你我的卡佩，我們來瞧瞧，看看阿普是不是也給你生命。」他繼續解釋，我必須把嘴唇貼上池底的冰才算數。雖然那藍色的冰僅僅在水面下六到七呎處，我仍懷疑自己是否真能憋住氣直到那刻。

「別在裡面待太久。」他說。

我想我的年紀已經不允許這麼做了，但內心有一股東西正要翻上來。我發現自己正在脫衣服：登山夾克、羊毛褲、溫暖的內衣。刺骨的寒冷穿透皮膚，我徘徊在水邊一塊圓石上，兩手臂交疊緊緊握在胸前，全身上下擠滿雞皮疙瘩。深知這樣下去是沒用的，我跳入水中，冰凍的湖水幾乎立即奪走我的呼吸。我嘗試往池水中央游去，但憋不住那樣長的氣，接著我往下沉，彷彿掉入夢裡，我吻了冰河。

之後曼紐爾向我解釋了安地斯山巫師的入行儀式。入行儀式包括了七個階段或主要儀式❶。治療師只需接受最前面的兩級，巫師則需通過前面的四級，很少人能完成全部七個等級。曼紐爾、羅拉、安東尼歐是碩果僅存，完成了七階入行儀式的巫師。

在第一階的儀式裡，巫師須接受宇宙的七個原型或構成原則，將蛇、豹、蜂鳥、兀鷹四種動物的靈魂吸納入身體下部的四個脈輪中。上部的三個脈輪，學生則要吸收三個發光的靈體，即下、中、上世界的構成原則。他們將獲得「力量的錦帶」，那是保護治療師的東西，以防止病人身上的毒性能量侵入其體內。接著他們進入「卡瓦克」

（kawak）儀式，儀式將開啓他們的眼，從此以巫師之眼看待世界。我已將此儀式改編成一項技術（參閱第五章），此技術能開啓第二注意力（Second Attention），讓人覺察生命中發光的一面。

下一等級是「龐帕米撒渥克」（pampamesayok）。透過此一儀式，接受儀式的巫師將與族系中的每一位男性和女性巫師連結，這些巫師終身奉獻給土地和其上所有有感知能力的生物，是他們的服事者。通過此儀式後，治療師便不再孤單地工作了，他將受到一群發光靈體的支持，這些發光靈體超越文化的隔閡和時間的線性，隨時協助他來治療。儀式將把接受儀式的人和時空內所有發光治療師連結在一起，他們認得你，隨時呼應你的召喚。

「其實要你進到湖裡，並沒那麼必要。」當我顫抖著回到岸上，把衣服穿上時，曼紐爾先生說。「我只是在考驗你的決心。」

那天晚上，當曼紐爾先生睡著後，我偷偷爬進他的帳篷，把假牙藏起來，他後來花了兩天才找到。

七年之後，當曼紐爾先生年老體衰得無法旅行，我們便在北美洲對學生們教授「庫拉克．阿庫耶克」的方法，後來還在紐約的聖約翰教堂主祭壇前，舉行了一項為大地療癒的儀式。聖約翰教堂是全世界最大的哥德式教堂，那次的活動是咱遊歷的最高潮，總共有數百人參加了儀式，曼紐爾先生整晚都裂著嘴笑，他怎麼也沒想到有一天會在天主教祭壇上舉行儀式。

羅拉女士

羅拉女士是安東尼歐巫術之途的拍檔，他們兩人師出同門，在高地之上學習巫術，從那之後，安東尼歐搬到了城市，羅拉則更往山裡面去，住在印加聖山奧桑加地山附近的雪線之上。她是一個脾氣非常兇猛的老太婆，是我見過最可怕的人之一。她可以直視你的眼睛看透你，站在燭光之前，她的形體開始變化，鼻子變成倒鉤的喙，眼睛變成了隼的眼。她對於安東尼歐教導我之事極不贊同，責罵他，說這是印第安人的東西。一直到我通過所有儀式，同樣成爲「庫拉克・阿庫耶克」後，她才停止叫我「男孩」，成了朋友。

我個人從來沒敢看輕過她。她對學生非常嚴厲，特別是當學生犯了愚不可及的錯時，就拿棍子打他們。想得到她的微笑，不管多麼短暫，都比得到其他老師的讚賞還值得。她是巫師一行的頭頭，和安東尼歐是同等階級和地位。她還能隨時變幻形體，不同於大多數巫師僅能在夢中變化成老鷹或美洲豹的靈魂翱遊，她在大白天醒覺的時候便能做到。她可以和兀鷹融爲一體，依據她的意志支使大鳥飛翔，俯衝到溪谷或上升到離地數英哩的高空，俯視地面的活動。

有一次在奧桑加地山山腳下，一個個兒短小而胖的印第安學生挑戰她，這學生叫馬利阿諾，很有幽默感，而且深諳採藥草的竅門，但其他事卻總是出錯。「我如何知道你眞的是在兀鷹身體裡，而不是想像？」他發問，那時我人在十數呎之外，和安東尼歐守在營帳外。氣氛霎時變得一觸即發，我看到安東尼歐臉上泛起輕笑，我們都很清楚，怎樣也不敢冒犯這老女人，所有人都在等待她的回應。

「現實和想像之間是不是有不同？」她用溫和的語氣回答。我們失望得彼此相覷。

天色將暗，我們之中六個開始動手蒐集木柴和已乾的駱馬糞便，作爲高山上的燃料。半個小時後，所有人回到營帳，除了馬利阿諾。羅拉的學生大部分都是女生，例外的兩個男生則被取了女子名，當他們不在時，便用這名字喚他。「瑪莉亞到哪兒去了？」她們開玩笑地說，「可能迷路了吧！」其中一個揶揄地回答。

我感覺到安東尼歐開始有些擔心。時序正值冬季，我們又在南美洲第二高山上。再過半個小時，溫度就會降到冰點以下。他示意我夥同另一個學生去尋找，正當出發之際，我們發現馬利阿諾步履蹣跚朝營帳走來。他滿臉是血，幾乎不能站立。我趕緊取出壓在背袋底下的急救箱，那就是專門爲這種情況準備的。安東尼歐不喜歡用西方的醫藥，但在那樣的高度下，沒有任何藥草生長。我們的位置遠高於植物生長線，視線裡看不見任何植物。我們被一片不毛之地所圍繞，到處冰天雪地，還外加裸露的岩石。

我們把馬利阿諾帶進營帳，發現他的夾克背後被重重劃開，露出的白色棉絮已染得血紅，裂口穿透衣服直深入皮膚裡，在他背上留下三道長溝，看起來像是被動物利爪給抓傷。我們問他究竟發生什麼事，但他只一味搖頭，說是摔了一跤，被冰給割傷了臉。那天夜裡稍晚，我們無意間聽到他向羅拉女士懺悔，似乎是一隻巨大兀鷹從天空俯衝下來，想將他叼走。據說兀鷹專門獵捕成年的綿羊，用利爪夾著獵物飛到幾百呎的高空，再將他們重重摔死在岩石之上。

這幾年來，羅拉女士和我變成了好朋友，有一天她告訴我，變幻形體的祕訣在於徹底了解你與宇宙間任何東西是無分別的，不比他們好也不比他們差。一旦體內每一個細胞都明白，你與任何其他東西是一樣的，不比一隻昆蟲重要，亦不遜於太陽，便能把自己變成任何你想要的東西，不論是一隻兀鷹或是一棵樹，甚至可以變成隱形人。她解釋，巫師必須精通隱身術，以便不引人注意。安東尼歐正是精通此道，在天主教堂前他便隱而不現，沒人知道他是誰，如此他便能隨心所欲改變世界。「你可以做到任何事」，有一次她告訴我，「只要你願意把功勞讓給別人。」

艾德渥多先生

艾德渥多．卡德隆（Eduardo Calderón）是一名漁夫，住在祕魯的北海岸地區，接近傳說中所言辛巴瀉湖一帶，天生就能看到生命發亮的本質。艾德渥多是曾於一千年前發展出繁盛文明的摩契（Moche）印第安族的後裔。艾德渥多的本領是經過多年學習得來的，他能夠眼睛看著你，複述出你的過去和未來，包括攤開在眾人面前的生活，也包括個人私密的部分。艾德渥多以神奇方式治病的消息逐漸在祕魯各地傳開來，連參議員都來找他看病。

安東尼歐好幾次示意我去找艾德渥多。海岸區域的巫師皆以能夠看見靈魂世界而聞名，但這項技藝在安地斯山區早已失傳。雖然部分安地斯山的巫師也是能觀見者，但是將此一天賦繼續發揚光大的技術卻已失落，大部分的人只相當無技巧性地解讀古柯葉上的暗示。對於安東尼歐的提議，我的反應並不熱切，我忙著學習他的技能，而且當時還撥出不少時間在亞馬遜學習死亡儀式和死亡後世界的探索。但隨後安東尼歐就不見了。

我這次回到祕魯，即是打算花三個月時間隨他在高地間旅行和探索，但是他向學校告了安息假，沒人知道他去了哪裡或何時回來；而亞馬遜此刻正值雨季，因此到那兒旅行都不可能。不得已，我只好重新整好行李去拜訪艾德渥多先生。我抵達的後一天，他按計畫須舉行一項療癒儀式。儀式在晚上舉行，約有二十五到三十人前來參加，病患和家人在沙灘上圍成一圈，艾德渥多兩邊各站著一名助手。約莫一小時過後，我想伸一伸腳，便獨自往海灘上走去，當我回到圓圈，發現其中一名助手不見了，那名男子病了，裹著毛毯躺在一邊。艾德渥多示意我到他身旁代替那助手的工作。

我一在艾德渥多身旁坐定，就感覺像進入另一更爲清澈透明的世界，彷彿有人打開燈，讓我看得見。相形之下，我和安東尼歐在安地斯山裡所看見的發亮形影便失色許多。當我走開數呎之遠，周遭又變得漆黑起來。艾德渥多體內的發光能量場促使我眼中所見更加清晰明澈。他轉向我，告訴我我有這個天賦，但必須勤加磨練，學習精確而透澈地看。

那天晚上，我第一次看見了一名婦女的能量場內竟然進駐了一個外來體，那東西正在吸吮她的生命能量。她之前多次來找艾德渥多，抱怨她近來總是心情沮喪、提不起精神。治療師站了起來，從祭壇上拿起一把劍和一顆水晶，朝婦女走了過去，要拔除那闖入的、導致婦女生病的外來體。

「我們必須將它治好，」他轉向我說。「那是她的弟弟，幾個月前在一場車禍中死去，他並不知道自己已死，因此來找她的姊姊尋求幫助。」

他接著爲那死去的弟弟施以療癒，幫助他從夢魘中醒來，繼續完成前往靈魂世界的旅程。「如果是祭司，他只能施以驅邪術，然後將靈魂丟回黑暗裡去。」艾德渥多說。

那個晚上，我的眼界已然向另一個世界打開，那是先前我一直拒絕接受的世界。我以前僅天眞地相信，只有天使和發光的靈體居住在靈魂世界；我最不願意相信的就是，身體和情緒狀況可能是被外來侵入的靈體所引發的，我不希望靈魂世界的邪惡力量眞與此有關。但我確實希望能學到如何看，艾德渥多正是「觀看」的大師。我所親眼目睹的事告訴我，一個人死後並不會自動變得神聖，世界的另一邊有許多遭遇困擾的人，正如我們身處的肉身世界。艾德渥多後來把這儀式傳授給我，也就是喚醒自我觀看不可見世界之潛藏能力的儀式，那正是我和安東尼歐長久以來尋找的一塊拼圖——「卡瓦克」（kawak）儀式。

❶安地斯山巫師的第一階級（初階）是「阿伊尼．卡佩」（ayni karpay），在此階段中，學徒們進入與自然的妥切關係，但尚未被認定為巫師。第二階級是龐帕米撒渥克（pampamesayok），「pampa」意為低地，「mesa」是巫師的祭壇，「yok」意為力量。在此階級，學徒成為攜帶祭壇的人，他蒐集了一些療癒物件，職責在服侍大地之母。第三階級是奧托米撒渥克（altomesayok），或是高階的祭壇攜帶者。奧托米撒渥克的責任是服事聖山，傳授醫療的知識。這個階段包含三個等級，當力量和智慧漸增，他會逐漸受到更高山巒的保護。

第四階是「庫拉克．阿庫耶克」（kurak akuyek），「kurak」意為「長者」，「akuyek」意為咀嚼，如同母親在餵食葡萄給嬰兒進食之前先行咀嚼，在此階段中，巫師先行咀嚼知識，然後讓他人消化；學徒很可能要花上一輩子的時間才能達到這個階段，他的職責在服侍星辰，很少巫師能達到這個階段。其上的階級分別是「印卡．梅兒庫」（inka Mailku），即往昔之日；「薩帕．印卡」（sapha inka），即閃耀者；「泰坦奇斯．藍提」（taitanchis ranti），即與自身上帝之光同閃耀。每一階級的法術皆比下一層的更精微，且獲巫師所獲力量的認可。

第3章 發光能量場

我發現桑佩得藥（San Pedro）除了讓我作嘔以外，毫無幫助。那黏滑的液體老是令我想到吐出的痰，每次吞下它時，便給狠狠嗆著，那大概就是它必然的味道吧……我已經盡力了，但似乎劑量裡的活性成分不夠，以致於我和儀式上的其他人都看不到那景象。我愈發相信，我身處的祭壇是艾德渥多吟唱所創造出來的。接著，當他召喚蛇、豹、蜂鳥、兀鷹的靈魂時，他所呼喚的一股能量湧了進來，來到儀式進行的空間。我不相信這一切只是催眠的一種微妙形式，或他根本只是尋我們開心；也不相信那些病患之所以痊癒，是因為他們想要而且獲得了巫師的准許。那是催眠後的暗示作用，我就看過一名男子當著眾人的面脫得只剩內褲，只為了那催眠後的暗示。

我所不能解釋的是，我確實看見了能量，但此一情形只有當我坐在艾德渥多身邊時才發生，一旦我離開他數呎之遠，便什麼也看不到。彷彿他被一團電子磁場圍繞，只有在那裡，空氣才真正地振動。當我置身在他的空間內，我就可以看見所有他看見的東西。

昨晚他正治療一名年輕的婦人，她站在我們前面六呎的地方，手裡抱著小孩。艾德渥多開始吟唱起來。頃刻間，從那婦人的肚裡伸出五到六條卷鬚狀，像章魚手臂的東西，其中一隻手臂長長伸出，連接到她身旁一個如牛奶色般形體東西的肚子裡。艾德渥多說，那是她前夫的形體，他正試圖照顧她的女兒。

「這男人正在傷害妳，」艾德渥多說。「他透過妳的子宮加入了妳。」

艾德渥多雖然體格壯碩，卻從他的治療石後面輕盈地躍上來，抓起放於祭壇上的其中一把劍，降落在婦人身邊。當劍尖觸碰到婦人的肚子，她整個能量場倏地發起光來。那景象真是詭異，就像一盞油燈霎時點上。發光球體倏明倏滅地轉動，在她皮膚表面上數吋循環流動。他舉劍一揮，切斷黑暗的線，那卷曲的線立即縮回婦人身旁奇怪形體的肚子裡。

艾德渥多開始又從婦人的肚子吸取另一條黑暗的卷鬚，大聲地將帶毒的繩股吸進嘴裡。這部分他做了將近一分鐘，然後步出圓圈之外。我聽見他猛烈作嘔的聲音。當我再度注視那名婦人，所有黑暗的線已經消失不見，而且她的第二脈輪緩慢地旋轉，速度逐漸加快，重新構成圓錐狀。艾德渥多回到祭壇，撲通一聲在我身邊坐下，看起來筋疲力竭。

「你看到了嗎，好朋友？」他問。

——手札

每一個人都擁有一個發光能量場，此一能量場圍繞在每個人軀體的四周，不斷供給身體所需的活力，正如磁鐵的磁場會影響一片玻璃上的鐵屑排列一樣。發光能量場遠在時間起始之前就已存在，那是天地萬物未顯現的光，而且將永恆不朽。它存在於時間之外，卻藉著不斷創造出新的實體而在時間之內顯現。

想像你被包裹在透明、彩色的球體內，球體振動著藍、綠、紅和黃色的磁波，寬度大約是你張開手臂的範圍。恰恰就在皮膚上方，一股金色的光波順著身體的經絡方向閃爍、流動。在皮膚和「發光能量場」的薄膜之間，閃爍的氣流成渦狀旋轉，逐漸融合成光的旋渦。這生命力的貯藏處即是生命能量的泉源，其對於健康的重要性就如血液系統所攜帶的氧氣和營養一般不可或缺。它們是發光能量場的能量，是生命最純、最珍貴的燃料。當發光能量場的生命蓄存量被疾病、環境中的穢物或壓力耗盡，人體就會生病。透過補充這必要的燃料，人們方可確保健康、活力，延長旺盛活躍的壽命。

數千年前記錄下發光能量場存在的印度和西藏神祕學者，描述其爲圍繞在肉體外圍的一團光環或光暈。一開始，我們似乎不容易在美洲的叢林和山區，以及從此地的巫師身上找到類似人類能量場的概念，然而當我掌握到人類能量場的普遍性之後，我豁然明白，每一個文化想必都已發現此一事實。

在東方，曼陀羅裡敘述了佛陀身邊圍繞著藍色和金色火焰的光帶；在西方，基督和使徒的畫像也常常出現發亮的光暈。在神祕文學裡，使徒多馬（Thomas）被形容爲和基督一樣煥發著光芒，美洲原住民神話也提到一些在夜晚閃閃發光的人，彷彿被內在的火給點燃一般。安地斯山的說故事者曾談起昔日一位名叫帕恰庫戴克（Pachacutek）的酋長，這位酋長是太陽之子，身上總是發出黎明般的曙光。

地球上每一生物都由光構成。植物直接吸取太陽光，將其轉化成生命力，而動物又採食這些吸收光能的綠色植物，所以即使就具象的物理學來看，光都是建構生命的基本要素。我們是被框在生命質地裡的光，而身旁每一個生命也都是光形成的，分別包裹在不同的形式和振動裡。研究次原子分子的物理學家都知道，只要往事物的中心仔細瞧，就會發現整個宇宙都是由振動和光構成。

若你認為有關佛陀和基督身上散發光芒的紀錄只是神話和傳說，那就大錯特錯了，我們也不能將此歸因於某些個體體內所出現的生物發光現象，就好像螢火蟲效應一般。佛陀向我們顯示了開悟之路，祂教導我們追隨自身的光來解脫苦難，獲得自由。據說基督在約旦河受洗時，一道眩目的光彩出現在基督上方。如果我們認為基督是因為祂的愛而散發光芒，而我們就是無法像祂一樣，那我們便否認了基督所說的「即使是比我做的更偉大的事，你們也做得到。」

一般以為這些對光的描述是種隱喻，因為人們總是視光啓為一種更高層次的理解。我的研究已經讓我逐漸相信，古代人對於光的引用其實是可透過經驗加以驗證的事實。然後，一旦我們了解到自我發光的本質，便可避開物質世界的陷阱，進而經驗到無限，但首先，我們必須明白發光能量場的結構。

發光能量場是發光的母質，能持續給與身體各部位活力。在我念小學的時候，我看到玻璃上的鐵屑因磁鐵無形的磁場而聚集形成美麗的卵形時，覺得驚訝不已。當我移動玻璃板底下的磁鐵，我發現到鐵屑順從地排列，如一隊金屬做的螞蟻。用手指頭移動鐵屑，我發現一旦我放開手，它們便急忙跑回原先的位置，彷彿鐵屑有自己的意志。是什麼力量讓這些小小的鐵屑回歸原來的圖案？多年後我領悟到，致力於改變身體的西方醫學，不過就是在玻璃上移動鐵屑而已。外科手術及相關治療往往使身體產生猛烈而巨大的改變，這種方法的殘酷和侵犯性令我訝異，正如同用手在玻璃上排列和散布鐵屑一樣，而非藉由移動玻璃底下的磁鐵來改變它們。

那磁鐵和其上的鐵屑變成一個隱喻，暗示我意識和事物如何經由一個看不見的能量場互相連結。我遇見過剛動過手術切除腫瘤的患者，幾個星期或數月之後，癌細胞又再度回來。雖然腫瘤已被移除，但發光能量場仍舊包含疾病的藍圖，因此疾病的復發只是時間問題而已，它們將以最快的速度依據原先存在的圖形重新建構起來。若我們用啓迪的方式來治療，便是經由改變能量場來改變身體的鐵屑結構；一旦治療了發光能量場，肉體自然會跟隨而痊癒。

靈魂的構造

人體的發光能量場由外而內分成四層（見圖一），分別是：

1. 肉體（身體）（the body）

2. 心理／情緒（the mind）
3. 心靈（靈魂）（the soul）
4. 因果（大靈）（the Spirit）

每一層儲存了不同性質的能量；最外層儲存的能量主要提供肉體所需，下一層儲存的能量用以維持心理和情緒的活力，再往內層是細緻的靈魂能量，最接近皮膚的是所有能量中最精微的，即精神能量儲存之處。神祕文學常指稱，這些能量層是「微細的身體」。事實上，它們之間並不能明顯區隔，就如彩虹的顏色並非彼此不連接，而是漸次變化而重疊的。即使物理學家專斷地爲每一個色彩決定了振動頻率，但實際上，每一色彩的界限並非截然分明的。

發光能量場內包含了所有個人及祖先傳下的記憶檔案、早年的創傷，甚至前世痛苦的經驗。這些紀錄或印記以全然的強度和色彩分毫不差地烙印在情緒裡。印記如同電腦內藏的程式，一旦啓動，就會逼使人們在行爲上、關係、事件和疾病上模仿最初的傷口。所以個人的經驗，其實不過是在重複過去的歷史罷了。肉體的創傷印記儲存在發光能量場的最外層，情緒印記儲存在第二層，靈魂印記儲存在第三層，大靈印記存在最深

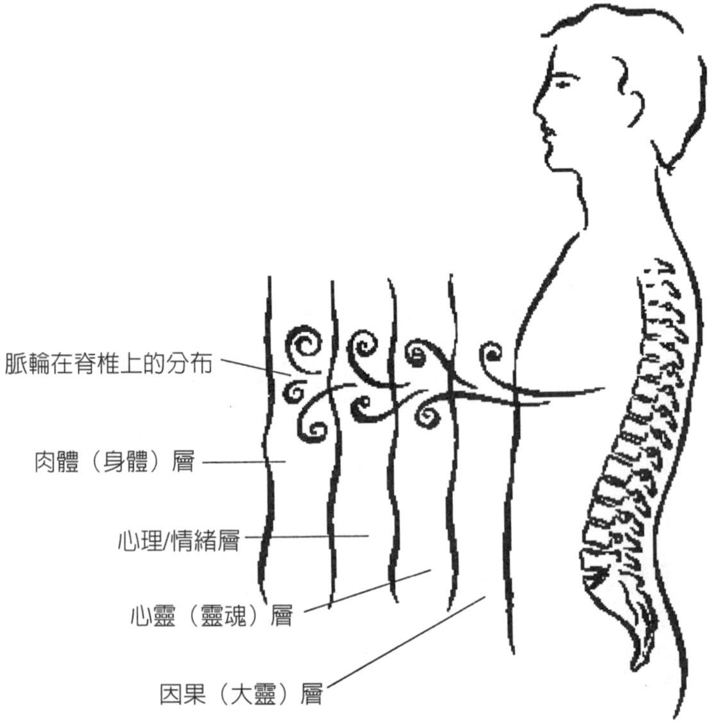
脈輪在脊椎上的分布
肉體（身體）層
心理/情緒層
心靈（靈魂）層
因果（大靈）層

圖一：發光能量場的分層

的第四層。發光能量場中的印記使人傾向於循著既定的人生模式，它們編造出事件、經驗以及我們所吸引的人。印記驅使我們複製痛苦的劇碼、心碎的遭遇，但最終亦將引導我們到達療癒的境界，在那裡，我們將治癒那古老靈魂的傷口。

我並不在意那經驗的印記落在哪一層，正如同我也不在意一封信儲存在電腦記憶體的哪個地方，我感興趣的是如何將它加以編輯及改變信的內容。同樣的道理，在光啓過程之中，我有興趣的是刪除印記的負面內容。所有印記都包含了訊息，它會告知各個脈輪，脈輪的轉動從而組成我們的身體和情緒世界。印記裡所承載的訊息影響了發光能量場的組成，而它又影響了物質實體的組成。

發光能量場內包含有關我們如何生、如何衰老、如何治療及如何死亡的模板。當能量場內沒有疾病的印記，人們便能以非常快的速度從疾病中復原。同樣的道理，疾病的印記會降低免疫系統的活力，使我們花上相當長的時間恢復健康。假使人們可以在數天和數星期內康復，沒有人希望花上個把月時間的。一旦我們刪除導致疾病發生的負面印記，免疫系統便會很快驅走疾症。

喬治是一名運動員，二十出頭歲，有一顆腎臟先天性機能不全。曾經有人捐出一顆健康的腎，於是喬治來到舊金山加州大學健康中心進行移植手術。手術的前一天，院方讓他服用了抑制免疫系統功能的藥物，以避免身體抵抗外來的腎臟。捐贈的腎臟狀況良好，但依據任何移植之前的正常防備，器官仍舊被仔細檢查以確保無任何可能的癌細胞趁虛而入。結果少數癌細胞確實溜了進來，不到一個星期，癌細胞便長成如葡萄柚大的腫瘤。喬治看起來可怕極了，他陷入極大的痛苦。

醫生即刻要他停用免疫系統的抑制藥物，於是白血球迅速匯集到該部位，幾天之內，腫瘤消失了，但問題是，免疫系統開始抗拒這顆新的腎臟。不得已，他們只好又開出抑制藥物，腎臟被身體接受了，但那葡萄柚般的腫瘤又再度回來。這走走停停的情況就這樣持續了好幾個星期，期間內腫瘤一度復發了七次。兩個月的藥物使用又停用的輪替治療之後，他的身體終於接受了腎臟，喬治終於結束了醫療的日子，癌細胞也根絕了。

我以爲，喬治之所以能如此快恢復，是因爲他的發光能量場內不包含癌症的藍圖，所以一旦他停止服用抑制免疫系統的藥物，免疫系統便可迅速發揮功能，去除掉腫瘤。癌細胞從此未再回來。

光之流

發光能量場形狀如甜甜圈，或者依幾何學的術語，為一環形的圓，中央貫穿一細窄的軸或隧道，大約不到一個分子的寬度。印加語稱能量場為「波波」（popo），亦即發光的氣泡。凡曾有過瀕臨死亡經驗的人，都述及他在回歸光的旅程中曾穿越此狹窄的隧道。人類的能量場是地球磁場的一面鏡子，它從北極流出，環繞地球後，再次從南極進入。同樣的，發光能量場環流的路線亦從頭頂流出，環繞發光的軀體後，形成一個寬卵形，約為我們張開手臂的寬度。我們的能量場將滲入地表約十二吋，然後再度從腳底進入身體。

雖然地球磁場的強度會隨著離開地球的距離愈遠而快速減弱，但絕不會降至零。磁場在向太空蔓延數百哩之後，強度漸次減弱，接著以光速行進，約以每秒十八萬六千英哩的速度飛向宇宙的邊緣。人類的能量場同樣向身體外圍數呎之處延伸，但如同地球的磁場，強度亦會迅速減弱，接著它也以光速飛向無限，將我們與整個宇宙的發光母體連結在一起，印加人稱此發光母質為「帖克塞母由」（texemuyo），意即延伸之網。

能量沿著地球的表面流動，其動線類似身體的經絡分布，把地球的主要脈輪連結起來。地球的能量經線橫貫整個球體，將能量和訊息從一區傳送至另一區。巫師們宣稱他們能夠藉由發光的母質來彼此溝通，發光母質其實正由地球上方無數的能量線構成。巫師能夠感知，有時甚至能看見宇宙間發光的錯綜線條，從地球向外擴延至銀河邊際。

在我們身處的科技社會中，許多人與宇宙的母質已然失去連結。我往往從許多患了慢性倦怠症而來找我的人身上發現，他們全然與自然世界斷了聯繫。他們不再散步樹林間，在花園裡種種蕃茄，或甚至停下來嗅聞花香。當然此意非指在樹林中散步可治癒慢性倦怠，倦怠的病因事實上相當複雜，然而遭遇此症的人確實需要從大自然汲取活力，作爲他們治療的一部分。

如同能量線順沿地球表面流動，身體的能量經絡亦在皮膚表面流動，把身體上每一個穴點（即非常小的脈輪）連結起來。這些能量經線相似於身體內的循環系統，是發光能量場的動脈和靜脈。美洲的巫師稱此能量的經線爲「光之流」，在發光能量場內不斷流動。傳說五千年前，第一批針灸師便能夠看見身體表面所分布的經線脈絡，即使在今天，日本最有名氣的針灸師大多是眼盲者。他們所稱著的診斷技巧想來並非不可能，因爲眼盲而不致爲身體的表面現象所分神，因此能夠以手指尋索氣的流動，沿著全身的經絡來感受氣的韻律和脈動。藉由感覺氣在哪一部位受阻、哪一部位流動最旺盛，來診斷出身體狀況和疾病。

許多玄祕的傳說，總是繪聲繪影地描述一些能夠感應發光能量場的奇人。在印加族群裡，他們被稱爲「卡瓦克」，即「能觀見者」。在祕魯南方沙漠的納茲卡平原裡，有一座荒廢的城市名爲「卡瓦契」（Kawachi，意爲「見者之地」），整座城市只致力於一件事，即訓練人們——使他們看見生命發光的本質。這數年來，我也發展出此種能力，能感知發光能量場表面所流動的光，並解讀出健康及疾病的印記。我相信這是每個人與生俱來的能力，只是人們不是未加以發掘和發揮，便是在七、八歲後失去了這種能力，因爲我們自小被教導，只有物質世界是眞實的世界；而美洲各地的巫師卻仰賴自身的能力去感受能量的場域。

大約二十年前，一次庫斯科的拜訪（印加帝國的首都）途中，我觀看了一位叫馬西摩的治療師爲一名印加婦女治療。那婦人爲氣喘所苦，只要使上一點氣力，譬如爬一小段階梯，就會咳個不停。在簡單的招呼和介紹之後，馬西摩要婦人坐下，並解開上衣的扣子。他繞到她的背後，開始沿著背脊的一側，以手指尋索一條看不見的線條。他時而停下，手指深深按壓進肉裡，指示她放鬆。治療師持續由上而下摸索那隱形的線，在不同的點上施加壓力，婦人不時痛苦地踡縮起來。

馬西摩施加壓力的點正巧是針灸術治療氣喘的穴道。療程結束後，我表達了我的驚訝，而治療師的回答卻讓我更加吃驚。他說他從來沒聽過什麼針灸，也沒聽過穴道的說法，他這套技巧是從祖母那裡學來的，她教他看皮膚表面上的光之流，在每一個阻滯不通的點上施以按摩，如此可讓光再度自由的流動。當日最後一名病人離開之後，我請馬西摩把這光之流的道理解釋得更詳細些，好讓我了解。他笑一笑，要我把衣服脱掉，只著一件內褲，然後拿了她太太阿妮塔的一隻亮紅色口紅，開始在我身上畫下光流的動線。畫完之後我站在餐桌上，馬西摩為我拍照，這時阿妮塔和她的兩個女兒走了進來，她們大聲尖叫，跑出房外。

我後來才知道，阿妮塔對於看見一個近乎一絲不掛的男人站在她餐桌上的驚嚇，還不如發現我們竟然用了她唯一口紅的懊惱。回到加州之後，我把照片和中國針灸術所描繪的人體經絡分布圖兩相比對，發現兩者竟完全吻合。對馬西摩和美洲其他巫師而言，人體上的光之流，實際上是流入地球表面上循環流動之廣大光流的小支流，這些小支流將流進這個廣大光流，並從中汲取精華。

脈輪是光之泉

人們對於美洲原住民傳統中竟也有脈輪（chakra）的觀念感到非常訝異。「我以為脈輪的概念是印度人提出的。」人們總是跟我說。脈輪是發光能量場結構的一部分。就如同腎臟（kidneys）這個字是歐洲人發明的，不意謂只有歐洲人才有腎臟；同樣的道理，脈輪也不是印度人專屬。

任何有生命的東西就有脈輪；蟋蟀有、鹿有、松鼠有、人類、甚至樹木也有。動物的脈輪沿著脊柱分布，正如在人體的情形。但樹木的脈輪位置變化較多，因為樹木沒有脊柱。你可以用雙手撫摸樹幹表皮，當你感覺到振動，顯示出脈輪隱然存在的部位時，用雙手抱住它（它們大約如一顆籃球大）。以自己身體其中一個脈輪慢慢接近樹木的脈輪，讓兩個脈輪貼合在一起，你便能與樹木連結。

在南美洲的部分地區，脈輪被稱為「光之眼」，我的印加導師稱它為「光之泉」。人透過脈輪來感知世界的輪廓：在心的部位接受愛；在肚子部位感受性、恐懼與危險（第二脈輪）；在額的脈輪開悟洞察（第六脈輪）。當置身於不愉快的情境下，你的第二脈輪會陷入痙攣，感覺胃部像打結一般。有了用心來感應各種感覺的經驗後；我們漸漸用心來感應愛，或者用心痛來表示傷心。

東方的傳統裡存在一種假設，即脈輪存在於身體之內，然而對巫師而言，脈輪會從體內向外伸出發光的線條，將我們與樹木、河流、森林連結在一起，如同它連結我們過去的歷史和命運一般。印度的傳統中，說到人體有七個脈輪，但我所師學的巫師則認為除此之外尚有兩個：第八脈輪位於發光身體之上，但在發光能量場之內，稱為「瓦拉可恰」（wiracocha），意為「神聖之源」；第九脈輪則位於身體之外，與萬物一同，棲身於無限、神靈的世界，它被稱為「可賽．普拉」（causay purah），意為「未顯之萬物」，即無限。我們將在第六章更詳細探討脈輪的系統。

脈輪是發光能量場的器官，它們像旋轉的盤，有一個寬敞的開口，在身體外部數吋之處渦旋。透過此開口，它飲入儲存在發光身體內的輻射能，來持續供給我們活力、情緒力和創造力。這狹窄形似漏斗的頂蓋不偏不倚地鈎住脊椎。脈輪將包含在發光能量場印記中的昔日創傷、痛苦經歷傳達給神經系統，告知體內的神經生理機制，神經生理機制繼而影響情緒和身體的健全狀態。同時脈輪也連結到維繫行為平衡的內分泌腺系統。

能量品質影響壽命

當發光能量場被環境和情緒中的穢物入侵而染上毒性，脈輪就會阻滯不通。此過程類似引擎的活塞陷入爛泥。脈輪開始積留殘滓，以致轉動愈來愈慢，最後停止不動了，免疫系統於是壽終正寢。發光能量場中儲存的能量品質也會影響我們的壽命。當能量變得具有毒性，脈輪即將毒素傳送給中央神經系統，於是人體便屈服在疾病之下，甚至有死亡之虞。人們如何有效更新身體的能量儲存，決定了我們是否可以保持健康和活力，而能量的品質甚至影響我們老化的過程。

研究人體老化情形的科學家發現，身體的生理時鐘並非依線性的時間來轉動，身體細胞並未有一固定的生存期限；相反的，它們的確有固定的生命次數，即製作一個和自己完全相同版本的機會次數是固定的。譬如，肝細胞在衰亡之前能夠複製一百次。假使在肝細胞複製四十九次後，將一撮肝細胞冰凍起來，過了一百年後，再於實驗室中將其解凍，它們仍舊會繼續複製另外五十一次。由於每一肝細胞有一百次的生命機會，因此飲食習慣和生活方式，便會大大的影響你能否享受完整的壽命。假使你耗用過量的酒精，肝壽命可能就會減半。

正如生活方式和飲食對壽命的影響相當重大，另一個至關重要的因素是發光能量場儲存的品質。雖然實驗室裡的研究尚未證明，能量儲存與細胞的生命次數有關，巫師們卻咸認，這些能量的品質和純度是壽命的決定性因素之一。當人們處於情緒和身體壓力之下，能量的儲存消耗得特別快速；燃料庫降到低標之下。發光能量場如同電池，在它尚未更新之前，若以全速前進，其運作時間便只能這麼長。我們都看過一些人因爲生命遭受重大創傷而快速老化，譬如離婚或頓失所愛。因此如何保存和更新發光能量場中的能量，似乎主導了我們可以活多久及活得多健康。

提升及更新發光能量場的其中一個方法是透過光啓過程，其細節將於第七章描述。另一個方法則是有關脈輪的清潔與淨化。清潔脈輪通常在晨間沐浴時進行。首先將左手置於脊柱末端，右手放在皮膚上方三至四吋處，仔細感覺第一脈輪（參見第四章脈輪的位置），然後以逆時針方向轉動脈輪（將身體想像爲時鐘的表面）三到四次，手指尖旋轉劃圓，最後將手指浸於水中洗淨，好洗去沾黏在脈輪壁上的污物和毒素。分別在七個脈輪上重複此洗淨的過程，記得做完每一個脈輪後，要將手指徹底洗淨。現在再回到第一脈輪上，順時鐘旋轉三到四次，在每一脈輪上重複這個動作，做完每一個脈輪後同樣要將手徹底洗淨；此一動作在增快脈輪轉動的速度，讓每一能量旋渦以最佳速度旋轉。

潔淨的脈輪能夠不斷的汲取營養，補充發光能量場內的能量儲存，維繫身體處於最健康的狀態。

光啓過程也被巫師們用來延長壽命。生物學家有時將細胞老化的過程比擬爲複製照片，不斷地再複製之後，當複製到第九十九張時，影像必然非常模糊。有時，人在到了將近四十歲時，皮膚會開始失去彈性，眼睛四周的魚尾紋變得愈來愈明顯，皺紋也出現了，於是滿心希望能找到那原始的影像來複製一張照片。透過光啓過程，我們便可以擷取那原始的影像來複製；從那灌注所有生命的最初源頭處，汲取力量來灌注我們的身體。那爲樹林及旋轉的銀河注入生命的活力之泉，同樣可以灌注在我們身上，只要我們透過發光的能量場來進行療癒。

疾病的印記

發光能量場包含了可以殺死我們或可以治療我們的各種訊息，就像DNA的雙螺旋體內記錄了壽命的程式，也記錄了遺傳的健康狀況。它承載了一幅身體的藍圖，如同建築藍圖保有一份房屋的設計圖樣，但有一點不像發光能量場，那就是具象的藍圖與房屋是分開的，當屋子老舊，藍圖依舊完好如初，然而人體上發光的模板，卻持續不斷受到日常生活中正面與負面事件的影響，最後，未解決的心理和精神創傷演變成深刻的烙印，成爲發光能量場中的疤痕。在精神療癒的過程中，我們所感受到的平和與寧靜，正是發光能量場最裡層所需的燃料，它將爲靈魂和精神注入能量。

這一份建構和打造人生模式的藍圖，打從人還在母親子宮內時即已存在，它包含所有前世的記憶——如何遭遇劫難、如何去愛、如何生病及如何死亡。在東方，這些印記稱爲「業力」，它彷彿一股巨大的潮流橫掃過生命，使我們無法自由地游動。印記裡往往包含諸多指示，讓人很容易重複前世發生過的特定事件。我們希望知道這些能量印記儲存在發光能量場的哪個位置及如何消去它們，以便讓身體、心理和精神回復健康。

在發光能量場的最外圍是一層薄膜，或可說是它的皮膚。此層薄膜充當防禦性的繭殼，就像皮膚是身體最外層的防禦膜。肉體創傷和疾病的印記即被刻劃在這最外層的薄膜上，如同圖案被蝕刻在玻璃上。每一次我爲長久臥病的患者治療時，幾乎總能在他們身上發現能量的印記正挫折他的免疫系統。假使印記未消除，他便要花上數月到數年的時間才得以康復，而且不僅同樣的症狀很容易復發，還很可能把印記帶到下輩子。刻劃在發光能量場心理層的印記，使人傾向於以某種既定的模式過生活，而且對某些人和某類關係特別具吸引力；印記主導了人們情緒生活的走向。儲存在靈魂層的印記鑄造出我們實際的生活經驗，因果層的印記則編寫了人生旅途上一連串的轉折，包括精神上所將獲得的平靜和滿足。

印記存在發光能量場中的情形，和一封信儲存在電腦記憶中的情形是類似的。你可以拿螺絲起子打開硬碟，但不論如何仔細檢查，都看不到任何句子、逗點或段落，因爲電腦的語言只包含了零和壹，用磁性原理來記錄。發光能量場中記載的符號也是同樣的道理。兒時所受的虐待並非以一個小孩被鞭打的影像來記錄，癌症也非以能量模板上的斑點來顯示，對那些能觀見者而言，能量場中這兩種情形，都只顯現出一池暗晦的能量，如同淤積的死水，阻滯不動。一旦印記被觸動，它便啓動其內部程式，從發光能量場中汲取能量庫存加以灌注。過程啓動後，幾乎沒有停止的可能，就像滑著木筏進入湍急的河流一般，一旦推進河水，就再也不可能回頭，你必須在急流中闖蕩，直到覓得另一處可上岸的地方。

印記的形成，是因爲伴隨創傷而來的負面情緒未被妥善治療，以致傷口未癒合。我有一名女性患者，其能量場中便有一個非常尖刻的印記，那是起因於兒時父母親的離異。當時蘇珊七歲，她以爲父親的離開完全是她的錯，一定是她做了什麼不該做的事。如今她正被婚姻中強烈的被棄感所困擾。雖然蘇珊深愛丈夫，而且丈夫從未給她任何足以導致不信任的理由，但蘇珊怎麼也不願相信她眞的可以信賴他，或其他任何男人，總是以爲在她需要他時，他不會給與任何支持。無論配偶如何努力，都無法使她安心。

當我掃描了她的發光能量場，我看到一串打結的繩索，像一團糾結的紗線，聚集在她左肩的上方。當一個印記受刺激而開始活躍，便會在發光能量場內不自主地振動。蘇珊的情形是肩膀上方振動。經過多年的心理治療，她已經了解自己這種老是覺得被拋棄的不健康心理，但是治療仍無法幫她去除印記。只要遇到難關或情緒壓力，就會再度啓動印記中的腳本，戲於是又自動上演。她的被棄感時時浮現，投射在生命中所有男人身上。經過三階段的療程後，蘇珊終於漸漸對丈夫產生信任，相信他會支持她。她也原諒了父親，並且弭平了與父親的心結。

不過我也見過一些人，雖曾經歷身體和情緒的痛楚，譬如強暴和戰爭的夢魘，卻並未在發光能量場內留下印記。他們顯然有辦法擺脫創傷，療癒心中的痛苦和負面情緒。我們都知道有些人雖經歷巨大的傷痛，卻仍舊欣然迎接人生的挑戰和難題，並且從中成長；也遇過一些人似乎總甩不開痛苦，帶著傷疤過日子，一直停留在受創的狀況裡愁雲慘霧，而且滿心怨恨。譬如精神科醫師傑若姆．法蘭克，他如何能在二次大戰期間，當全家人已被納粹殺害，他卻還能在被派往集中營的當頭找到人生的價值和目標？假使我們能夠在創傷的情境發生時，即時療癒情緒的苦痛，印記便不會在發光能量場出現。若我們在苦難中找到憐憫和寬恕，便不會有任何剩餘的有毒能量被吸收進發光能量場。

發光能量場的印記常常可在外在世界製造出詭異而顯然不相干的事件來。它們會恰恰安排出人們與性格上有著同樣毒素和特徵的人相遇相愛。它能牽引我們到一個最奇怪的地點，讓我們遇上這輩子注定要遇上的人；能設計我們正好在某一發生事故或恰巧逃過意外的交通工具上。瑪格達的故事正足以說明，藏在發光能量場靈魂層的印記如何輕易安排出外在世界的巧合，就如它能在體內製造出疾病一樣。

瑪格達因為患了自己所說的「可怕的倒楣運」而來找我。她是單親媽媽，唯一的兒子在十七歲時因一場悲劇的車禍意外喪生。每年的這一天，瑪格達就會碰到幾乎致命的危險情境。有一年，她開車在紅綠燈前停下來時，車子的後方被撞毀，結果她被送進急診室手術。隔年，一次的食物消化不良又害她進了急診室，醫師開給她口服的鎮以作檢測，醫生發現，只有在她心臟停止跳動時，身體才會對鎮出現過敏性反應。這個模式連續持續了五年，瑪格達不明白爲何她屢次經歷這種瀕臨死亡的意外，而每次總是在二月二十六日這一天發生。

當瑪格達第一次走進我辦公室，她詫異地問我：「爲什麼死的不是我？爲什麼我要繼續活著？」她責備自己那天晚上允許兒子和朋友開車出去。失去兒子讓她感到非常寂寞，生活裡少了目標，沒有任何活下去的理由。在光啓治療的過程中，瑪格達經歷到肌肉抽搐、痙攣，及身體上的某種釋放。有好幾次，當身體抽搐時，她輕輕地哭泣。當進行到療程的尾聲，她告訴我心裡感到一股深沈的平靜，而且感覺到兒子目前非常平安，就在她身邊試著安慰她。

幾次治療之後，我們清除了促使她老是蒙受意外的印記，精神病學稱此情形爲週年效應。她終於明白他們的靈魂是一體的，她永遠不會與兒子分離，心裡釋放了多年的疑慮，現在非常安心。瑪格達如今雖仍心痛兒子的過世，但已不再受到冥冥之中意外的牽引。接下來的二月二十六，她安然度過。一旦打破負面的能量模式，她周邊的世界從此改變。

當印記受到刺激，其內含的有毒能量便散布到脈輪，引發情緒的波瀾，或傷害免疫系統。在瑪格達的例子裡，她的災難如暴風雨前的一團烏雲，就在每年兒子的忌日時爆發開來，當我察看其發光能量場的印記，便發現烏雲正環繞著它運轉。這些顏色暗黝的能量總是暗示某一活躍的印記正在作用。當它開始自行演出，我們便自然而然受到某些人物和情境的吸引，在嘗試復原的努力中卻觸動它，而使原始傷口的情境再度復活。

代代相傳的詛咒

亞馬遜雨林的巫師曾提過，世間上有某種針對整個家族所施的詛咒，使得詛咒代代相傳。根據多年跟隨巫師學習的心得，我發現他們說的只是一種隱諭，意指那些在世代間相傳的印記。此種印記最普遍的形式，正是我們傳承自父母的體質狀況。我們都知道心臟疾病和乳癌是家族性疾病，假使你的母親或祖母死於心臟病，你的基因必定亦帶有此一風險，使你特別容易罹患心臟疾病。此一遺傳的情形，同樣以印記的形式記錄於發光能量場內。

有一次我爲一對姊妹進行療程，她們的母親死於乳癌。兩人都可能傳承了帶乳癌風險的基因，當她們來找我時，其中一個已被診斷出乳房有惡性腫瘤，另一個則尚無徵兆。那名已被發現腫瘤的姊姊，在其能量場內有一清晰而活躍的疾病印記，另一位的能量場內則只有一模糊的標記。我替兩姊妹做了治療，生病的姊姊動了手術、進行化療，最後康復了，另一位仍舊未顯徵兆，兩人都去除了發光能量場內的疾病印記。

肯恩原是爲了婚姻問題來找我，他和新婚妻子在面對新生活時遭遇了一些難題，因此來尋求諮商。訪談的過程中，我發現肯恩的能量場內有一個黑色斑點，在胸部上方六吋處。我仔細掃瞄了那部位，發現從那裡似乎伸出一條根狀物直到他的心臟。我問他，家族中是否有人罹患心臟病，他說，所有親戚的心臟都很好，沒有人死於心臟病。他特別強調自己覺得身體很強壯，無任何不適的地方。對於他的回答，我很驚訝，因爲我一直以來便學著相信自己所見。於是我催促肯恩到醫院做檢查，尤其是做一些有益心臟的事，譬如飲食中去掉紅肉、多運動、小心保護心臟等。我繼續在他的心臟脈輪上做工，我的理性告訴我，或許他正遭到一些心理壓力，而我誤將其解讀爲肉體上的心臟問題。

三天後，肯恩打電話來告訴我，他的哥哥剛進行了緊急的心臟繞道手術，在一次例行的身體檢查時，醫生發現他哥哥的心臟瀕臨衰竭。肯恩的檢查報告顯示他的心臟沒有問題，但我知道，發光能量場能在症狀真正浮現之前的數月或數年便顯示出徵兆來。我鼓勵肯恩繼續採取預防措施來強化心臟功能，而且讓他接受光啓治療，以便在症狀實際外顯之前，先在根源處清除病因。肯恩後來治癒了自己，就在必須接受心臟繞道手術之前。

印記也可能與我們遺傳自父母的心理特徵有關。在南西．芙萊德（Nancy Friday）所著的《母親與我》（*My Mother, Myself*）書中，南西揭露了她不管如何刻意在母親強勢的影響下做相反的事，她似乎仍是逐步重蹈母親的生命模式。我們總是以同樣的爭吵收場，循著父親和母親過去所走的途徑。假使你的祖母和母親生命中都曾出現帶有虐待性格的男人，你也很可能會遇上同一類的關係。

雖然聖經上說，父親的罪過將連傳七個世代，但罪過對無辜的繼承者而言卻非審判，而是一代傳過一代的負面能量。心理學家認爲，我們自雙親身上遺傳的潛意識想法和行爲，很可能會烙印在腦部的電路中，而重新設計電路的唯一方法就是透過心理治療。但我相信，這些負面的模式和習性也同樣烙刻在發光能量場內，而花上數年用心理療法來達成的治療，若改用光啓過程來做，卻只需一個療程便可達成。

以談話爲主的心理治療往往不足以達成療癒。心理學的前提是，一旦你明白一直以來在潛意識底下作用的情結或驅力，你便能擺脫它的毒害。另一方面，巫師則以爲，理性上的認知僅僅搔到表面而已，並不足以協助一個人達成療癒；知道自己在兒時遭遇了性虐待，雖讓一個女人明白了自己不信任男人的原因，但獨獨這份了解卻還是無法讓她建立任何親密關係。人們都懂得應該要多運動、少吃甜食、多冥想，不過在做這些明知對自己好的事時，卻還是非常勉強。理性的思維對於情緒、身體的渴望、恐懼與需求等，往往發揮不了一絲影響力。反之，光啓的過程卻常使人有重大的突破，因爲此一作用發生在發光能量場的因果層，而談話治療只在心理層發生，因而無法在發光能量場內抹除或重新塑造印記。

家族的宿命

此一具遺傳性質的印記尚有另一種形式，能藉由父親傳給兒子、母親傳給女兒。我之所以對此感到好奇，是因爲看到這種情形在我家族裡上演。我祖父在上個世紀經濟大蕭條時期失去了所有，當時他四十五歲；而我父親在四十六歲、事業正值高峰時，他那時是哈瓦那頗具名氣的律師，後來因共產黨的接管，他失去了工作和所有資產。他從來都以物質的成就作爲衡量成功的標準，例如住什麼樣的房子、賺多少錢、小孩子上哪一所學校等等。

革命之後，我們逃離古巴，我父親決意要東山再起，將過去的生活水平重新建立起來，而他做到了。接下來的二十五年，他日以繼夜地工作，家人平日都難得見他一面，他剝奪自己生活的所有娛樂，最後，在七十多歲時，他終於退休了，回到一手建立的舒適生活裡。幾個月後，我接到他的電話，他說那天早上醒來，卻突然發現他的生命已不知去向。那一天，他又決定要找回自己的生命，於是很快啓程，航向他的生命之旅，去了歐洲、中國和其他一直夢想去的地方。雖然如此，他還是失去了那四分之一個世紀。

我哥哥四十八歲時，醫生在他腦部發現一個惡性腫瘤，經過數次放射治療和化療，最後仍敵不過病魔而過世，那離診斷後不過數個月，正是他人生的黃金期。他走後，留下兩個可愛的小孩和妻子。我自己同樣在四十五歲時，面對失去所愛的痛苦。早先的一些著作把我變成一個大忙人，四面來的演講和教課邀約不斷，幾乎每個星期有四天的時間，我都在外奔波，演講能量醫學和巫術，留給家人的時間少之又少。雖然我幾番努力試圖保住婚姻，包括治療和諮商，我們還是分開了。妻子和我協議分居，不久後，我的六歲小女兒發生了意外，從馬上摔下來，被送進急診室手術，修復破裂的肝臟。事情發生的時候，我正帶著一批人前往亞馬遜叢林探險，拜訪著名的巫師伊格那休先生。這名巫師擅長「觀見」，當我告訴他過去六個月所發生的事時，他說我的心臟上方有一團黑壓壓的東西。

「那是我感覺到的痛苦。」我告訴他。

「不，」他說著，輕輕把手放在我心臟上方。「那是你祖父的噩運。」接著他開始敘述多少父親的父親毀了另一個男人的事業，並且招致天譴，這詛咒已經傳給了我父親、我哥哥，然後是我。

「你可以在餘下的生命裡繼續和人世的逆境奮戰，」伊格那休解釋：「或者先醫治你的心，然後外在世界將跟著轉變。」

那天傍晚，伊格那休開始治療我的「心」。他清除我心臟脈輪上那團暗黑的雲塊，以及烙刻在發光能量場的世代印記。翌日早晨我飛回美國，我的女兒數天後離開了加護病房，隨後終於完全康復。至於挽救婚姻則是爲時已晚，但我和小孩們的關係則有所進展，愈來愈好，至今仍維持著非常好的友誼。他們教導我如何做一個好父親。

從那時起，我便特別提醒自己對此類世代遺傳的印記多所警惕。當我們消去存在自己體內的印記，同時也等於爲父母和小孩做了治療。我相信自己已爲兒子省去了日後在其四十六歲當頭經歷人生重大危機的必要性，徹徹底底療癒了此一連傳數代男性噩運的鎖鍊。我如何能如此確定呢？因爲我知道，雖然我的婚姻結束了，但所有家人和我至今都完好如初，不像我的父親，我不需花二十年的時間去找回來。

深層能量淨化

對我們這些執著的物理學家來說，過去、現在與未來的分野，只是一個固執不化的幻影。

——愛因斯坦

巫師有志於將印記周遭的負面能量排除乾淨，最終擦去印記本身。成爲巫師的早期訓練當中，包括了發光能量場的深層淨化與清潔，即用力磨去不淨的部分。巫師不再以個人的經驗看待自身，此即納瓦荷族的女巫師所言：「我就是山巒，我就是河流。」巫師仍可能經歷失去、飢餓、痛苦、虐待，但他們了解，自己只是這一航向無限之大旅程的過客。

這便是以光啓來治療的目標。我對於鑽研客戶個人的經驗、故事並不感興趣，那正是大部分心理治療師所做的；我感興趣的是協助他們了解，自己並不等同於他們的故事，不是其母親、父親、他所置身的文化、時間所編就出的腳本中的演員，而是說故事者。爲了能這麼做，我必須很快看到藏在發光能量場底下的印記。直接看到印記不是件容易的工作，那就像拉出錄影帶的底片來看電影一樣，我們只能經由介面來看到影片，在此情形下，即透過錄放影機和電視螢幕來觀看。

物質世界和發光能量場之間的介面即是脈輪。就某方面而言，這些轉動的能量旋渦可以想成是位於愛因斯坦的能量方程式 $E=MC^2$ 的上方。脈輪會支配能量以組成實質的肉體，製造出疾病或呈現健康，並且形成身旁的現實世界。透過脈輪，我們方能跨越物質世界，進入能量的範圍。

第二部

能量世界

昔日的神祕學派往往透露出「人在本質上是超越物質」的祕密。這些學派大抵指居住在底格里斯河、幼發拉底河之間肥沃月灣一帶的預見者，以及中國與西藏的巫師，直到今天，他們的教誨仍舊深植在許多人心裡。很多人研究卡巴拉（Kabbalah；猶太神祕主義）、易經、譚崔（Tantra；意識的擴張）、藏傳佛教。除此之外，靈氣（Reiki）大師和其他能量治療的實行者也傳授了許多優秀的治療術，我們擁有如此豐富的淬煉精神的法門，包括瑜伽和冥想，不斷在我們的旅程上提供協助。

類似的神祕學派也存在於馬雅、赫必印第安及印加等美洲文化裡。他們都描述到，一個人在成爲聖者的途上將遭遇九道門或通道，每一道門相當於人體的其中一個脈輪。我所師從的印加巫師多指認出九個脈輪，其中七個存在於身體內，另外兩個存在於發光能量場中。在這兩個脈輪之中，巫師進入了超個人的現實。每一脈輪代表一扇門，即聖者在自我實現之路途上所須通過的關卡。

接下來的章節將以巫師的觀點來描述發光能量場的構造，當中包括許多喚醒自我能力的練習，以觀看那原本不可見的能量世界。我稱這些觀看技術爲「第二覺知」，以區別日常生活所能輕易做到的知覺；這些方法效力強大，對於學習察覺事物之間的空間及圍繞身旁的發光體等等非常實用。

第六章主要敘述神聖空間的概念。我的指導者曾經要我敞開內部的神聖空間，讓開路來；他指的是，我們能夠獲得身在不可見世界中之治療者的巨大精神助力。學習了這些技巧之後，我發現自己不再需要事必躬親。試著探索第六章所介紹的技巧，以創造出空間來，讓發光的大靈接觸我們的身體，傾注智慧於其中。特別記得運用這一部所提到的練習來進行實驗。巫士之路是一條發現的過程，最終，你在此一領域所體認的經驗將是未來獲得知識最可靠的來源。

第4章 七彩脈輪

昨晚，我練習尋索身上的光之流，追蹤從第二脈輪散放出來的發光細線。我們身在草木蓊蔓的山谷中，四處遍生尤加利樹和松樹。晚飯後，我們相偕散步，原本以為只是隨意在近處閒晃，安東尼歐卻把我帶往森林更深處。月亮近乎圓滿，雲層散開時，可以清晰辨認來時路，當雲層遮蔽了月光，就會被遺落在純然的漆黑裡。我們來到一處林間空地，在那兒，他要我坐在大圓石上，和數碼之外一棵高大的松樹連結。我闔上眼，想像自己緩緩伸向那棵樹。

「不是用頭腦想，孩子啊！」他說。

我討厭他叫我「孩子」，這一點他非常清楚。我相信安東尼歐這麼說的理由，是因為他不贊同我的做法。

「用你的肚子，」他說：「從第二脈輪伸出一條發光的卷鬚，到達那棵樹上。」

我照做，慢慢感覺體內的五臟六腑正與松樹交纏起來，彷彿我們能夠觸碰彼此。我感覺得到樹皮的質感，甚至覺得進到了樹體裡面。當安東尼歐叫我打開眼睛，我看得見那從肚子上伸出的發光線束。

「現在，鬆開與樹的連結，轉而與自己最初的記憶連結。努力回溯過去，想像自己還是踉蹌學步的小孩，想像自己不會走路的時候，把細線與那男孩連結起來。」

接下來的一個小時，我一定是非常努力地嘗試，因為我覺得安東尼歐愈來愈不耐。

「你在努力想是吧，」他說：「別用腦子想，只要做就好。」

然後我做到了。我感覺得到男孩的皮膚，就像先前感覺到樹皮一樣。我嚐得到他吃進嘴裡的食物的味道，也感受得到他心裡對這個世界有什麼樣的感覺。每一感官、每一知覺皆栩栩如生，幾乎要超過我的負荷。那不再是我所熟悉的現在的我在觸摸、感覺，而是另一個同樣熟悉的、年輕的我。

接著，安東尼歐要我尋索發光的線束，循線索本身，讓影像和感覺自然流入體內。我想像自己步行在繩索上，如同在小徑上行走，然後我看見了數十年已不再出現腦海的童年和青少年影像：如五歲那年的萬聖節，父母給我穿上的古怪衣服；小學三年級時曾經迷戀過的老師；以及家中狗兒死去的情形等等，一些最稀奇古怪的事。我不但看到了影像，當時的情感也再度湧上心頭。我看到了生命中每一次痛苦和歡愉的時刻，然後安東尼歐拍了拍我的肩膀。

「下次，」他說：「我們讓你與一萬年後的你連結。」

——手札

根據赫必印第安族的信仰，「人類被完美地創造出來，一如其創造者的形象。」在赫必書（*The Book of the Hopi*）裡，法蘭克．渥特斯（Frank Waters）說到：「人類的軀體和地球以同樣的方式被建構，兩者中央都由一條軸線貫穿，人體的軸線就是脊柱，它維繫著所有運動和功能的平衡，沿著這條軸，分布幾個振動的中心，它們與宇宙生命的原始聲響交互共鳴。」對於上述脈輪的指涉和描述，在赫必、印加、馬雅族的信仰裡都能找到，在全世界其他原住民文化裡也都能發現。

其中我們最熟悉的描述來自瑜伽。根據瑜伽學派的說法，脈輪是人類欲望的遊戲場，每一能量中心（脈輪）象徵各種歡愉和痛苦，使我們牢牢禁錮在輪迴之中。譬如，第一脈輪代表我們對物質世界的依戀，第二脈輪代表性的歡愉。瑜伽是一條追求善與聖潔的道途，在學習瑜伽時，一個人必須克服感官上帶來的狂喜，才能發現何謂超越。瑜伽一詞在梵語中的涵意為「將分解的諸部連結起來」，於是身體和靈魂重新連結，世俗與超凡的部分合而為一。與此不同的是，美洲的巫師並不生活在二元的世界，創造者與被創造者並不分離，天與地也無分別，靈與物質相揉互融。巫師們不相信身體與靈魂之間，或者說可見的形式世界和不可見的能量世界之間劃分為二的說法；因此沒什麼可超越，也沒什麼是需要「連結」的。

人和他的欲望無法分割，與他的悟性也不是分離的。當瑜伽行者說，你不是你的身體時，巫師卻說，事實上你就是你的身體，而且更多。在他的觀點，可見與不可見世界是互相滲透、充塞其中。瑜伽行者尋求將分崩離析的部分合而為一；在巫師的眼裡，這些部分從未分開過。或許我們之所以容易接受印度人對脈輪的觀念，正因它契合人們認為自己被逐出伊甸園的迷思，我們已經習慣設想自己與自然是分開的：靈魂或許被囚禁於軀體中，但卻與它徹底分開。西方哲學家稱此為身心分離。

這兩大神學思想已經並存了數萬年，卻不總是和平共存。瑜伽學派描述物質與靈是分開的，雖然靈創造了物質，但並不棲於其中。此一學派發展出以天神為中心的宗教信仰，其教義不斷述說宇宙間存在一創造者，祂居於天堂之中，是男性的，而且與其所造之物分開，如宙斯或耶和華。後者則認為，所有物質只是靈的具體顯現，而且靈充溢其間。此學派提出以大地之母為核心的信仰，認為有一創造者根源於土地，祂是女性的，並且存在祂所創造的萬物之中，譬如伊娜娜（Inana）、或帕夏嬤嬤（Pachamama）。巫師所信仰的正是這第二學派，道行最高的巫師能夠超越自身信念的局限，理解到兩種思考其實都是更大整體的一部分。

脈輪反映出人類最根本的諸多特質。不同於將本能的欲望和情感加以抑制，巫師的做法是施以琢磨，使其成為音色和諧的樂器。我相信恐懼是悲憫的種子，一旦治療了恐懼，悲憫便因之而生。本能的自我不應該成為敵人；憤怒、貪婪、欲望全都是愛，澄淨、智慧、勇氣之內所包藏的種子，等待被轉化。自然中的一切是神聖的，每一脈輪皆包含了光啓的種子及我們的未來。

脈輪的結構

人不管出生於何地，其體內的骨骼數目皆相同，同樣的道理，每個人身上都包覆相同的發光體，包含了脈輪及能量經線。脈輪是旋轉的能量盤，梵語「chakra」即意為「轉輪」，它們在身體外圍皮膚上方三到四吋之處旋轉，與體內脊椎和中央神經系統連結。脈輪直接通往體內神經網路，它們順時鐘方向旋轉，與銀河星系呈螺旋狀的轉動同一方向。每一脈輪有其特殊的振動頻率，分別與彩虹的七彩之一相同。新生嬰兒的脈輪顯現出非常純淨的顏色，從第一脈輪的紅色到第七脈輪的紫色。隨著年紀漸增，脈輪的顏色會變得暗淡，生活中的創傷和失落會遺留殘渣和毒素在其中，黏附在脈輪壁上，阻礙它以純淨的頻率振動，肉體的老化於是加速。當巫師完成其療癒過程，脈輪便重現澄淨，它們自由旋轉，再度以原始的速度振動。

亞馬遜地區的巫師相信，當你清潔了所有脈輪，便會獲致「彩虹般的身體」。每一脈輪以自然的頻率振動，全身煥發著亮麗的七彩。根據傳說，當你獲致彩虹的身體，便能遊歷死後的世界，到達靈的國度，能夠幫助別人療癒，也能帶著意識死去，因為你已知悉如何找到回來的道路。

叢林巫師認為，死亡是力量強大的掠奪者，它悄悄地逼近每一個人，他們說，許多疾病都是體內的死亡因子潰爛而引起的。這些巫師相信，死亡（我傾向於稱它為無生命跡象）一步一步向我們索求生命，直到有一天我們發現，自己身上死亡的部分比活的部分多。我在亞馬遜地區和其他地方看見過不少例子，而我相信這種情形正在全世界可怕地蔓延。當你的脈輪純淨無瑕，便能不受死亡的威脅；生命在你的軀體上宣告勝利，因而不可能再受到死亡的宣告。印加族的旗幟正是一道彩虹，彩虹在印加的神話中占有非常獨特而重要的位置，即便今天，你仍可看到它飄揚在庫斯科城中大街小巷的屋頂上。

瑜伽行者認爲人體有七個脈輪，安東尼歐卻告訴我身體有九個脈輪，其中七個在肉體之內，另外兩個在身體之外。他稱第八脈輪爲「瓦拉可恰」，它是造物者或大靈之名，意爲「神聖之源」。第八脈輪位於發光能量場內，在頭頂上盤旋，像一顆旋轉的太陽。透過它，我們與偉大的靈連結，那是我們身體內上帝所棲息的地方。

文明世界之人的第八脈輪多半顯得暗沈、污黑，「那是因爲文明人被逐出了花園。」一位女巫師告訴我。奇特的是，西班牙語「Indios」意爲「與上帝同在的人」。然而在尚未接納西方神學思想的印第安人身上，第八脈輪卻閃亮如同金盤。我們可以在名畫「最後的晚餐」中看到第八脈輪的顯現，基督身旁散發的光芒，以及照亮使徒的火焰即是第八脈輪。人死之後，第八脈輪會擴大成一個發光球體，將其他七個脈輪籠罩，經過一段時期的贖罪和淨化，第八脈輪將再製造另一具肉身，就如先前在每一世所做的工作。它會引領我們找到生理上傳承的父母，繼承最佳的生命，以獲得必須的生命體驗，來達到精神上的成長。前世的創傷記憶將留存、轉入下一世的軀體之內，成爲發光能量場中烙刻的印記。

第八脈輪的來源為第九脈輪，即聖靈。第九脈輪棲於發光能量場之外，向太空延伸，貫穿宇宙；它是宇宙的中心，與大靈在一起。我的導師相信，第八脈輪是上帝在我們體內棲住的地方，第九脈輪則與造物者同在。

第八脈輪相當於基督信仰所稱謂的「靈魂」，它是個人的、有限的；第九脈輪相當於「聖靈」，它是非個人、無限的。靈魂多半先已被信仰占據，與自我救贖相關。由於靈魂屬於個人，因此它是自主的。我們假設自我要不是與聖靈在一塊，便是與其切斷不相連。第九脈輪與萬物在一起，與有限、個人的靈魂相反，它是無限、永恆的。我傾向把慣稱為靈魂的能量中心稱作第八脈輪，是因為「靈魂」這個字原已包含太多的涵意，有時它指涉一種音樂形式，有時指一種精神食糧，有時又指個體所包含的形而上的元素，而此義又常引發諸多爭議。第八脈輪會在時間的維度之中具現，埃及人稱此具現為「卡」（Ka）。第九脈輪存在於無限之中，在非時間裡，在沒有時間的點上，不受歷史的羈絆；它無所不在，超越一切，從未出生，亦從未死亡，埃及人稱它為「古」（Khu）。

脈輪透過自然界代謝其生命能量。人體的能量來自於五大類食物：(1)植物和動物、(2)水、(3)空氣、(4)陽光、(5)生物磁性能量（東方文明稱為「氣」，印加人稱為「可賽」）。這些營養包含了最物質性的食物，如動物和植物，也包含了最抽象的食物，如光和能量。人體透過消化道吸收植物、動物和水，透過肺來吸收氧，透過皮膚來吸收陽光，透過脈輪來吸收可賽。發光的能量在脈輪之間循環流動，就如物質性的水和食物在身體內流動一樣。當消化系統阻塞，人們便無法吸收食物中的營養，相同的，當脈輪阻塞，人們便無法消化儲存在發光能量場內的可賽。

脈輪伸出發光的線束到達體外，將我們與樹木、河流、森林、其他人連結起來。脈輪搭配存在於肉體之中只是短暫的，當我們死亡，脈輪會從肉身上退去，加入第八脈輪，而我們的旅程將在那不可見的世界中繼續。

大地（下部）脈輪

身體下部的五個脈輪分布於海底輪到喉輪之間，它們的滋養主要來自大地。想像一棵樹的根部向下探入泥土，它所吸收的養分會傳送到樹幹，進而到達最高的枝椏上；葉片吸收的陽光轉化成能量後，同樣會向下傳達至根部。上部的四個脈輪主要接受太陽光（星辰）能量的餵哺。以天神爲信仰中心的文化社會，多強調上部脈輪的發展，而疏忽身體下部脈輪的穩固。這些文明多偏重科技、推理、邏輯。以大地之母爲信仰核心的社會則強調下部脈輪，而較不注重上部脈輪，這些文明至今仍維持農業生活形態，對於西方文明的進步少有興趣，卻在天文占星、哲學和建築上發展出傲人的成就。我認爲，今天的人們應該兼顧下部脈輪和上部脈輪的發展。

正如身體內的器官，每一脈輪具有其特殊的功能。第一和第二脈輪主要在消化情緒能量，加以攪動然後汲取當中的營養。它們從身體和情緒創傷之中汲取能量、代謝、轉化成力量和光的來源。如同消化系統從食物中汲取養分，把未消化的食物殘餘排出，使其回歸土地，下部的脈輪同樣把無法轉化爲燃料的沈滯能量排出，還給土地。當第一脈輪與女性的土地失去連繫，下部脈輪便無法排除情緒垃圾，一旦情緒垃圾欠缺出口，這些廢棄物便轉成有毒的污泥黏附在脈輪壁上，減緩它的轉動。當污泥在第二脈輪上堆積（那裡烙刻著非戰即逃的反應模式），人們會漸漸視周遭的世界爲具有敵意和攻擊性。太陽神經叢、心、喉部（第三、第四、第五脈輪）由細微的能量如愛、憐憫、同情所滋養。它們的功能不在消化任一種情緒。所以當我們嘗試用心的脈輪去消化沈重的情緒或感受時，便會遇上麻煩——我們會感到嚴重的心痛。上部（天空）脈輪則由最細微的精神能量來供給營養。

在接受訓練成爲治療師期間，我經歷了一項稱爲「力量的錦帶」的儀式，儀式當中，導師在我的身體四周編織看不見的錦帶，如今我也確保我的每一位學生都接受了這項儀式，此一儀式能爲治療師提供非常重要的精神防護。總共有五條帶子按在身體不同部位。第一條爲黑色，代表豐富而深色的土地，它被織在第一脈輪的地方。第二條爲紅色，代表水，它是大地的血液，被織在第二和第三脈輪的部位。第三條爲金色，代表火，織在心的部位。第四條爲銀色，代表風，織在喉頭的部位。最後一條是純白的光，代表「氣」(可賽)，織在第三隻眼的脈輪。它們是五條繫帶，連接到土地、空氣、火、水、可賽五項元素，將其直接傳送給脈輪。

第一脈輪

元素：土地

顏色：紅色

肉體特質：身體架構；排除廢物；直腸、腿、腳；睪固酮與雌激素

本能：生存、繁殖

心理特質：餵養、庇護、安全、供給的能力

腺體：卵巢與睪丸

種子：亢達里尼（Kundalini），豐富

負面表達：囤積、掠奪行爲、無意識的暴力、倦怠、初生的痛、遺棄問題

第一脈輪位於脊柱的基部，在肛門和生殖器之間。它是通往女性的通道，會伸出發光的線束下達腿和腳，直達生物圈。正如樹木的主根深入大地之母（泥土）中富含養分而溼潤的地方，第一脈輪同樣供應我們需要的養分，它是支撐身體和發光能量系統的基礎。當人們與大地之母失去連結，便開始只從表面吸取生命的養料，結果是變成一棵脆弱的樹，根系廣布卻淺陋，最終無法抵擋一場暴風雨而傾倒，我們失去了穩固性，失去了地基和安全感。

一旦第一脈輪與女性的大地失去連結，我們便感覺到孤單、如同失去了母親，此時男性的原則進駐，我們開始向物質世界尋求滿足。個人主義凌駕人際關係，自私的動機壓制了家庭、社會和世界責任。離土地愈遠，於是對女性產生愈強烈的敵意。我們否認了自我的熱情、創造力和性能力，最終，自然的土地變成了禁地。我記得曾有一位亞馬遜女巫告訴我：「你知道他們爲何要砍伐雨林嗎？因爲它潮溼、黑暗、糾纏，而且女性。」

第一脈輪的動機是原始而本能的。我們尋求庇護、尋覓糧秣、在逆境中力求生存、

繁衍後代，這些迫切的渴望是最根源的本能。正如同我們能夠暫時摒住呼吸，卻不能命令身體停止呼吸，我們亦無法凌駕本能而存活。

四種本能的驅力——恐懼、滿足需要、戰鬥、性，是最底層兩個脈輪的任務項目，它們是人求得肉體和情緒生存的基本程式。不由自主的飲食過度、囤積金錢或玩具，是滿足需要之本能的負向表達。我們永遠無法得到滿足。失衡的第一脈輪所顯現的情緒正是一種「欠缺感」，即使那些已經富足充裕的人，仍舊害怕失去所有。諷刺的是，窮人往往比富人慷慨。當第一脈輪的塵埃清除，心理上的欠缺感便自動消失，我們領悟到沒有什麼是欠缺的，我們本就生活在富足裡。不過，僅僅在腦海中明白這一點是不夠的，我們還要讓體內每一個細胞都明白，我們一直受到關注，並且擁有整個宇宙的支持。崩潰的第一脈輪使我們對鄰人築起藩籬，來護衛所有，不健康的第二脈輪更令我們堆起石頭來防禦自我。

睪固酮和雌激素兩種荷爾蒙與第一脈輪相關。實驗室已證明，睪固酮在男性體內能引出兩種主要的反應：性和攻擊。當女人被施以睪固酮的注射，她們大多抱怨自己不由自主地想到性。當第一脈輪失衡，更會加重睪固酮的效果，促使一個男人把兩種本能混淆。當此情形發生時，他會開始傷害所愛的女人，最後毀了親密關係。

第一脈輪失衡會引誘出性虐待的行爲，這種現象在全世界每個地方都會發生，而尤以剛從農村社會轉型爲都市社會的國家最爲顯著。以正經歷此一轉型的南非爲例，每二十六秒就有一名婦女被強暴。每一次我爲曾遭受童年性虐待的婦女治療時，總是發現其第一脈輪早已關閉，她們普遍有一種潛意識的恐懼，認爲自己會傷害別人，就如同其父或家中另一名男性對她的傷害。

由卵巢所製造的雌激素，是維繫身體內骨礦物質所必需的成分。雌激素的分泌在女性更年期之後會快速減少，使得女性易於罹患骨質疏鬆症。在非工業國家裡，女性似乎較不容易得到骨質疏鬆症，有些研究宣稱，這可能是因爲第三世界的婦女壽命較短，尚未來得及活到骨質流失的年紀。我卻認爲還有另一個原因，即這些地方的女性終其一生都與母性的大地有著密切的接觸。第一脈輪會在女性體內誘發照顧他人、渴求關係、求偶的慾望，此一脈輪的失衡會導致她在寧願犧牲自主權的情形下，過度追求關係中的安全感。

部落文化多半會舉行第一脈輪的儀式，來慶賀少男少女終於邁入了成年。這一儀式鼓舞年輕人掙脫對父母的依戀和束縛。儀式之中，年輕人重新宣布大地爲其母親，她永遠不會離棄他，而上天爲其永恆、穩固而可靠的父親。藉此，年輕人獲得了保證，他將繼續得到父母的照護，只是如今由力量遠大於其生身父母的天地來接續。年輕人現在可以參與祭拜天地的儀式和奉獻，如此在意識上維持與宇宙父母的連繫。西方人（文明社會的居民）由於欠缺這一進入成年期的儀式，使得他們成爲精神上的孤兒。我們在人生中奮戰，感覺不到父親與母親的支持，接著又發現自己全然不知如何成爲一個可供依恃的父母親。

一個行事作爲皆從第一脈輪出發的人，和世界的關係永遠處在混淆的狀態。他被感官所呑噬，傾心於物質世界的追求；他認爲這世界總欠他什麼，周遭所有人都應該覺得他的獨特。他自我中心、自戀，感覺不到眞正的愛，因爲無法替別人著想，無法「穿著別人的鞋走一哩路」來設身處地。

第一脈輪相當於生命中最初的七年。早年所經歷的創傷，包括出生和產前的創痛，都記錄在第一脈輪裡，形成心理上的精神情結，阻礙了日後的成長。若一個人凡事由第一脈輪驅策，他就如小孩一般，永遠把生存和娛樂視爲第一需求，一旦被冷落，就變得暴怒，以激烈的方式透過身體和情緒表達其不滿。被第一脈輪驅策的人會不惜一切尋求短暫的感官滿足。他總是分不清自身與世界的界限，他人成爲自我的延伸，也因此在他眼裡不值一瞥。每當我遇到經歷過童年期虐待或被雙親遺棄的人時，我會立刻察看其第一脈輪是否牽涉重大。前世的創痛往往記錄在第一或第二脈輪。從歷史當中也能夠發現，許多集大權於一身的獨裁者，便都是由第一脈輪的負面動機所驅策。

但第一脈輪也有其正面的特質，其生存的本能確保了種族的延續，驅策我們求偶、繁衍後代，讓人類得以在最逆境中堅忍不拔。透過它，我們與大地之母和女性的特質連結。梵語中，第一脈輪稱爲「穆拉達拉」（muladhara），意爲「基礎」。身上的能量之屋必須建立在穩固的地基之上。

在瑜伽裡，這一脈輪被認爲是「亢達里尼」能量棲身的所在。它的符號是一條蜷曲的蛇，沈睡在脊柱的末端。亢達里尼被視爲偉大女神夏克蒂（Shakti）的活躍力量，也就是賦予萬物生機的力量。對巫師而言，這是吞食自己尾巴的初始時期的蛇，它是「歐羅波」（Ourobores），象徵一種自我吞噬的無意識狀態。在亞馬遜部落的信仰裡，此力量的代表物爲「薩夏麼麼」（sachamama），意爲大水蟒，在北美，它被描繪成響尾蛇。

當我們清除第一脈輪中的印記，亢達里尼能量於是被喚醒，沈睡的蛇醒了，伸直身軀，女性能量延著脈輪向上移動。美洲、印度、西藏的巫師長期以來相信，藉著初始的女性力量，才使得萬物得以活動、繁衍、興盛。一點也不意外的是，蛇正是創世紀之始給與我們智慧果實的動物。它的能量隱藏在每個人體內，是大地之母的能量，亦是我們所棲處之星球的心跳。

第二脈輪

元　　素：水
顏　　色：橘色
肉體特質：消化、腸道、腎、泌尿系統、性能力、腎上腺素、下背痛、經痛、食慾不振
本　　能：性
心理特質：力量、金錢、性、支配、恐懼、爭鬥、熱情、自尊、性或情緒虐待、父母遺傳問題、亂倫
腺　　體：腎上腺
種　　子：創造力、憐憫、家族
負面表達：恐懼、爭鬥

第二脈輪位於肚臍眼以下四個手指的部位，連結到腎與水元素。第二脈輪主要在活

化專管體內壓力的腺體——腎上腺。腎上腺皮質或腺體的周圍部分，會製造出超過一百種不同的類固醇，包括各種性荷爾蒙；其中心部分的髓質會製造腎上腺素，告知肝臟釋放血糖，使人提高警覺。腎上腺素是傳遞「奮戰或逃離反應」的荷爾蒙，我在前面提過，第一脈輪會爲了防禦而築起藩籬，第二脈輪則堆起石頭來防禦自己，問題是我們永遠需要更多的石頭來完成這件工作，因爲另一邊似乎總是堆起更高的石頭，使得我們知覺到的威脅不斷增加。

昔日的冷戰就是以第二脈輪思考而擴大爲全球性規模的絕佳例子，當時美蘇兩國進入冷戰時期，許多人深信蘇聯擁有較強大的海軍和戰機，事實上，蘇聯的海軍艦隊腐朽不堪，戰機也比不上美國。第二脈輪是一個觸板，可以觸動人成爲奮戰的公牛，或成爲蹺縮的懦夫。逞強和裝腔作勢的姿態都是由第二脈輪所激發，只要想想銀背猩猩露出牙齒、捶打胸膛以壯聲勢的模樣就可明白。

第二脈輪在發光能量場中代謝其能量養分，任何形式的能量都能成爲此脈輪的食物。它會處理從第一脈輪吸收進來的土地能量，並且消化神經系統中的情緒能量。只要第二脈輪能夠適當運作，便可以把一切負面情緒，如憤怒和恐懼等分解支離，然後從第一脈輪逐出體外。當第二脈輪失衡，這些累積的負面情緒就會在體內潰爛，黏附在臟腑之中，以非常緩慢的速度分解。我們都遇過一些人，他們心中餘怒未消，帶著憎恨持續好幾個星期，甚至好幾年。這些負面情緒棲於第二脈輪，漸漸轉為毒素，最後，這些情緒毒素被吸收進發光能量場，再進入到肌肉和組織裡。

第二脈輪是身體熱情的源頭，常藉由創造力和親密關係來表達。在第一脈輪，我們繁衍後代，在第二脈輪，我們與所愛之人發生親密行為。第二脈輪在梵語中為「史瓦迪斯他那」（svadhisthana），意為「自我所在的地方」。就人類的成長階段而言，此脈輪相當於八到十四歲，青少年多嚮往羅曼蒂克的愛情經歷，就是源起於第二脈輪的旺盛活動。此一脈輪是性慾的，充滿欲望和幻想，它刺激身體分泌腎上腺素，進而編織出浪漫綺想。倘若青少年未在青春期發展出清晰而正面的自我意識，第二脈輪的發展就會出現停滯，無法發展出健全的情緒界限，分辨不出他人所想與自己所欲的不同，並且常因身旁的人際關係，和一些無法滿足其需要的人而苦惱。

第二脈輪的負面表達是憤怒和恐懼。巫師認為，恐懼是最大的敵人，它是非常狡猾的對手，永遠別想和它交戰，一旦這麼做，它就會吸取你身上的力量，最後取得勝利。你的任務是認清心中的恐懼，與它為友，利用它作為警惕的機制，不是觸動非戰即逃反應的扳機。

安東尼歐從前告訴我，恐懼是因缺乏愛，我感到疑惑。我告訴他，亞馬遜巫師的功課之一，就是選擇某個月黑之夜獨自到叢林裡去，以便與心中的恐懼相遇。有一次我確實試了，果然一路膽戰心驚，整個晚上寒毛直豎，一直甩不開身後彷彿有大型食肉動物或鬼魅跟蹤的陰影。老人家聽完笑了起來，說這確實是個有趣的練習，但做為一個巫師，眞正的考驗卻是擁抱恐懼。「一旦你明白，所聽到的豹的聲響和鬼魅的陰影，事實上是存在自己心中之後，你便可驅走它們。」他說：「一旦你清除了恐懼，就算看到什麼叢林野貓，你也知道牠與你沒什麼兩樣，兩者都是同一生命力的表達。」

我有很長一段時間是個素食主義者，原因很單純，我不願意吃我不想殺的東西，而且還發現吃紅肉有損視力。在亞馬遜跟隨當地的巫師學習時，我被要求跟蹤一種我意欲尋求而體現其力量的動物，然後遵照儀式將其獵殺，最後吃下牠。指導者後來爲我選定的動物是大水蟒，一種巨大、棕黃色的蛇，喜歡棲息在亞馬遜灘淺的支流裡。我並未嚴格規定自己不吃肉，一旦所拜訪的巫師爲了特別場合而大擺盛宴時，我便從善如流；但很長一段時間，我拒絕做這種練習，我甚至離開叢林，回到美國，心想如果這個訓練要我取走動物的生命，那我不願再繼續。然而某種力量再度把我引回了亞馬遜，我決定遵從指示，至少先做到跟蹤這個部分，之後再視情況決定是否接著做獵殺和吃的動作。

大水蟒的體型碩大無比，最大者可長達二十呎，重達六百磅，在水中或陸地上很容易辨認，但不容易追蹤，因爲牠們生性狡猾，而且可以長時間潛入水中。

我明白「薩夏麼麼」象徵熱情和性，而且也象徵創造力和透視事物表象的能力。我已經追蹤水蟒好幾天了，但一直無法靠近牠拍張照片，挫折至極的時候，我呆坐在河邊，拿出一袋雜糧，對著無聲流過的河水沈思。我問自己爲何如此不願爲進食殺生，只要一想到要殺害這般美麗如水蟒的動物，便心生膽怯。我開始無邊無際地幻想，假想一隻豹子咬住麋鹿的頸項、準備飽餐一頓時，心中的愛與渴望，這行爲並無任何怨恨與惡意呀！我豁然理解，只有當我認爲自己與巨大的蛇是不同之物時，獵殺巨蟒才成爲一樁暴力，只要我認定我們是不同的，吃掉牠就等於結束牠的生命、供給自己食物，那麼那就是暴力的行爲。

我宛如被一棒敲醒，我與蛇不過是同一生命力的顯現，我們沒有不同，那不過是生命本身必須餵哺自己，蛇會在我的體內延續牠的生命，在那一瞬間，我們兩者都成爲更大力量的一部分。我跳出冥思，眼光掃向附近的灌木叢，最後落在被鱗片反射的一道光芒。那是一隻約七呎長的水蟒，剛吃下某個大型齧齒動物，而且也跟我一樣——陷入冥想。我不敢相信我的眼睛。水蟒蜷曲著身體，正緩緩消化牠的食物，身軀之中有一個大突起，大約在嘴巴下方一吋處。如此碩大的巨蛇，好幾個星期才進食一次，一旦進食，就變得遲緩怠惰。在消化食物期間，牠無法移動，我的答案來了。

我拾起水蟒，牠則懶洋洋地把自己纏繞在我的手臂和肩膀。我走回巫師的茅舍，驕傲展示手上蜷曲的蛇。她大笑起來，咯咯地持續笑了好幾分鐘，我開始覺得不耐煩。我問她為何一定要吃下牠，才能獲得牠的力量。老婦人笑著說，知識是不容易被人體消化道吸收的。她要我到水邊找一處隱蔽的地點將蛇藏起來，以免成為獵食的對象。後來我才逐漸明白，暴力是存在心裡面等待自己去克服的，它不存在身外，或能用清楚的規則來界定什麼可以吃、什麼不可以吃。我學到了一課，果真不虛此行。

第二脈輪失序的後果非常嚴重。通常這些人無一刻不怨天尤人，埋怨上天下雨故意將他淋溼，有時甚至認為全世界聯合起來對他圖謀不軌。姑且言之，上天有時的確為我們下雨，但同時祂也為樹木、植物、動物、石頭或為自己的理由而下。這類性格的人總是帶著理所當然的態度，但只要第二脈輪獲得療癒，他將發現世界並不虧欠他，相反的是，他欠豐盛的生命太多。在第二脈輪的牽引下（性愛的中心），我們探索自我的熱情，發現對親密的渴求。第二脈輪若運作失衡，會使一個人混淆性與愛。第二脈輪的重要任務即是將性轉化爲愛，將幻想轉爲親密關係。這不是容易的工作，因爲它的負面驅力是利用金錢、力量和性支配他人。第二脈輪的位置恰從生命萌芽的處所——子宮經過；熱情和創造力在此處著生、發芽，而後在上部的脈輪開花結果。

第三脈輪

元　素：火
顏　色：黃色
肉體特質：胃、肚子、肝、胰臟、貯藏與釋放能量、脾臟
本　能：力量
心理特質：勇氣、力量、對外的自我表達
腺　體：胰臟
種　子：自主、個體性、無私的奉獻、實現夢想、長壽
負面表達：胃腸失序、食慾減退、悲傷、傲慢、自我膨脹、神經系統症狀、疲

第三脈輪位於太陽神經叢，與胰臟相關。此腺體是身體內能量的儲存之處，葡萄糖就是其儲存物，因為胰臟製造胰島素，胰島素的作用在促使葡萄糖從血管流向各細胞，進而在細胞內轉化為能量。當第三脈輪運作正常，身體便擁有足夠的能量支持所有活動。由於腦部是全身最大的能量消耗中心，功能平衡的第三脈輪對清晰的思考非常必要。它也會影響肝臟，即身體儲存燃料之處。第三脈輪失調的人往往容易感覺無力、精神不繼，因為所吃進的食物在血液系統尚未來得及吸收之前就被排了出來。有關營養吸收的問題會顯現在心理和精神上，當第三脈輪未能適當運作，人便很容易心力不繼，即使握有一切成功的籌碼，卻仍舊欠缺精力跑到最後的終點。

第三脈輪是發光能量系統的力量中樞，若是能建設性地加以利用，就能在人世間實現抱負，但若予以糟蹋，就會遏制我們自然的本性和本能，這種情形會反應在神經系統上，包括羞怯和罪惡感。第三脈輪相當於年紀十四到二十一歲，恰好是人們步入成年的階段。

第一脈輪的女性力量及第二脈輪初始的性能量都將轉化成細微的燃料，由第三脈輪加以運用，最終實現人生的夢想。此一脈輪會隨時補充發光能量場的儲存。當我們喚醒第三脈輪的力量，便能感受到無畏無懼的堅定意志，此一意志絕不爲逆境阻撓，路途上的一切障礙都將瓦解消失。然而較爲危險的是，此一狀況也可能形成自我的誇大，想像自己是命運唯一的主宰者，可以完全依照自己的意願來支使世界。他會感覺到能隨心所欲創造或毀滅這個世界，於是變得獨裁而操縱一切，一心只想奪取個人的權力、聲望，不惜一切代價。

被第三脈輪慫恿的個體傾向於以威脅來掌控他人，一旦此脈輪能夠回復純淨，家庭和人際關係就會變得穩固。他會變成有效的溝通者，從語言和文字當中找到力量。第三脈輪使我們忠於本性，生命目標明確，並能嚴格律己、恪守目標。

印加族中流傳著印加戰士的故事，這些印加戰士的第三脈輪熠熠閃亮如同金盤。傳說中，他們如何也殺不死，就算西班牙的征服者拿起步槍瞄準他們，但子彈卻總是失誤不中。北美洲的平地印第安族也有類似的傳說，說到一批勇士，任憑騎兵隊如何射擊就是射不中。傳說還繼續提到，當其中一名發光的戰士殺死可敬的敵手時，他將滴下自己的鮮血在土地上，以表示對其他人的敬意。他明白，有一天，這些人或許會圍坐在火堆旁，彼此交換看到或聽到的故事。這些男男女女相信，假使你帶著憤怒和畏懼上戰場，那麼你已經死亡。

撰寫《四風之舞》期間，有一次我和合著者前往里約熱內盧進行數個禮拜不被打擾的工作。之前我剛完成亞馬遜的探險，朋友之一提供給我一個暫時的住處，那是里約海灘的一處公寓。工作的最後一個晚上，我們吃完慶功晚餐，正沿著海灘一路走回公寓，途中竟遇到六名男子襲擊。我們和歹徒扭打成一團，時間彷彿凍結，剎那間我恍然頓悟發光戰士傳說的眞義。

我即刻停止打鬥，大聲吼叫：「停！」突如其來的吼聲劃破寂靜的夜，每個人都停止了動作。我轉向那幫人的頭頭，把手錶給他，告訴他每兩年要換一次電池，然後又給他我的皮夾。我又轉向另一人，問他鞋子的尺寸，他說四十四號，我說那正好是我的尺寸，並要他當場試穿。鞋子恰合他的腳，他嘴上立刻浮現笑容。我的合著者艾瑞克幾乎不敢相信他的眼睛，又開始掙扎起來，其中三人便押著他往沙灘走。我走向艾瑞克，對他解釋這些人不過是貧窮，他們需要我們的錶、皮夾、鞋子和皮帶。

交易末了，那領頭者握了我的手，其他人也跟著謝過，我向他們揮揮手，祝他們好運。準備離去時，我問領頭者是否擁有車，沒有，於是我說，他可能用不著我的駕照，他笑一笑回答「當然不需要」，並把它還給我。他說他也無法用我的信用卡，於是又把它交給我，接著，他又把護照、旅行證件等等還給我。艾瑞克詫異萬分，那批盜賊竟然交還屬於我們的東西。雖然我們仍舊被搶劫了，但並未被暴力相向。我們當場實驗了非暴力，因此能夠改變整件際遇的格調；我們緩和了第二脈輪的負面反應，而用第三脈輪來應對。

第三脈輪的作用在於將夢想轉變爲現實。在梵語中，此一脈輪稱爲「曼尼普拉」（manipura），意爲「珠寶之殿」，指其將夢想轉化爲實際財富的能力。巫師的看法則是積極夢想周遭的世界，使其成爲眞實。第三脈輪如同一具蒸餾器，夢想透過它而冶煉成黃金。如果你希望改善周遭的世界，就把平衡帶到你的第三脈輪，此一能量中心的工具就是積極想像，不論是坐著冥想或是在沙灘上意外遭搶劫的當頭。它的火元素供給了實現夢想的燃料，不過請注意，別把這個練習用在私心的取得上，要用在正途；此一脈輪的關鍵字爲「奉獻」。

第四脈輪

元　素：空氣

顏　色：綠色

肉體特質：循環系統、肺、胸腔、心臟、氣喘、免疫系統失調

本　能：愛

心理特質：愛、希望、服從他人、憐憫、親密

腺　體：胸腺

種　子：無私的愛、原諒

負面表達：自我膨脹、憎恨、自私、悲慟、寂寞、遺棄、背叛

心脈輪的位置在胸腔中央的心臟神經叢附近，而不是在心臟上方，它是脈輪系統的中心軸；正如肚子是身體重量的中心所在，心脈輪位於發光能量場的中心。胸腺的運作經由心脈輪來調節，其功能在提供細胞間的免疫質，是體內免疫反應的要角之一，對於B淋巴球和T淋巴球的生長（身體的殺手細胞）至為關鍵。經由光啓過程來清潔心脈

輪，可以使免疫系統不健全的人立刻感覺舒暢。

心脈輪在梵語中稱爲「阿納哈塔」（anahata），意爲「解開束縛」，指的就是掙脫以物質來衡量成功的枷鎖。金錢、汽車、名聲、財富不再成爲成就的指標，自由、愉悅、永恆的平靜才是心所追求。心脈輪相當於二十一到二十八歲，人們在此一階段組成家庭，從靈魂伴侶和孩子的身上尋覓到愛。

透過心脈輪，我們分享並經驗愛。這是最容易被誤解的脈輪，因爲此一愛的特質既非與他人交流的關愛，也不是人們瘋狂陷入的羅曼蒂克戀愛。心脈輪關注的對象是天地萬物，像花朵對雨的感覺，像老虎遇見羚羊、欲將其捕獲而飽餐一頓的愛。它不關注特定的對象，也不倚賴他物的存在而存在；它不是一種情緒，無關個人，基督信仰者稱其爲「agape」，印加人則稱爲「慕內」（munay）。此種愛不是爲達成某一目的而依循的途徑，它不導向婚姻或關係，它本身就是目的。

幾年前我在安地斯山上旅行時，和夥伴被困在一場大風雪中。當時我們正陪伴一名帶著三個月大嬰兒的印第安婦人前往下面山谷的診所。我們躲進一間被棄的茅屋避風雪，但強風依然颼颼地從石壁縫隙透進來。我們擠在一起取暖，瑪麗亞把嬰兒緊擁在胸前。這個母親整個晚上都忙著照顧嬰兒，她解開上衣，把嬰兒的小嘴貼近乳房。翌日早晨，風雨停息了，山丘上籠罩一層皚皚白雪，當曙光射進來，我們都步出屋外，讓太陽暖和身子。瑪麗亞鬆開襁褓，卻發現嬰兒已經在夜裡死去。我們只好回到村莊，一名女巫爲小嬰兒吟誦祈禱，並爲他舉行哀悼儀式。我陪著年輕的母親到山裡面，在冰凍的地表上掘出一個淺洞作爲安葬的墳，一路上我試圖安慰瑪麗亞。我們眼眶都哭紅了，一同向大地之母帕夏孋孋祈禱，希望她接受這名小孩。之後，我們在墳上堆起石頭，然後回村莊。

兩天後瑪麗亞回到家中，在家族的田地裡耕作，他們翻攪土壤好重新播種，而我仍舊非常心痛，整個禮拜都在爲死去的嬰兒哀傷。瑪麗亞看到我如此悲傷，走過來抱抱我說：「別傷心，我的小孩已經回到他的母親身邊。」此話一出，狠狠刺進我悲痛欲絕的苦惱。我走到村旁冰冷的河邊，脫去衣服剩下短褲，涉水走到淺溪中，讓冰冷的水清醒心中自我陷溺的傷感。瑪麗亞又引我去見女巫，她把手放在我的心上，給了我一個慈愛的眼神，彷彿對我說沒什麼好傷心的。我幾乎不敢相信，她竟試圖安慰我。那天傍晚，她的家人都爲了我那天陪伴瑪麗亞度過漫長寒冷的夜晚而感激我，雖然看得出來每個人都很哀傷，但卻都洋溢著溫暖和寬慰，我從未見識過這般無私的愛。

不管自我中心看起來多麼具有利他性，卻爲第四脈輪製造出可怕的不平衡。要經驗到這樣的愛，我們必須先死去，以到達過去的我，爲此巫師早已想出一套精密的辦法，讓人們體驗到自我和自我中心意念死亡的滋味。然而我們不須經過叢林巫師所經歷的複雜死亡儀式，才來體驗心脈輪的愛，只需對愛臣服，把愛的感覺詮釋成一種練習和冥想。我們必須停止陷入愛之中，而完完全全變成愛本身；當你感覺到心跳時，提醒自己那是愛在跳動。

心脈輪的負面表達之一是自我沈迷。我們知道，有些人總是宣稱自己知道「愛就是答案」，他們滔滔不絕發表有關愛的陳腔濫調，這些人喜歡證明自己有悟性，比對實踐無私的愛來得有興趣。本能的愛的另一負面表達是，無能對自己表示憐憫；當人不能愛自己時，就會困在自我批判和羞愧裡。

受損的心脈輪無法與人建立親密關係，他會在感覺最脆弱的時刻逃開，總是以工作或其他足以轉移注意力的事情，來製造與所愛之人的距離。當心脈輪得到平衡，人們會樂於在愛的範疇內與人建立親密。它在我們內心整合了男性和女性的特質，於是人們不再向外尋求「失落的一半」；此時，柔軟和剛強、感受性和創造性不再是相反詞，因爲這些特質被巧妙和諧地融合在一起。心脈輪妥當地運轉，得以讓人重拾純眞的心境，總是擁有嬉戲而振奮的心情，我們知道自己是誰，而且接納自己，這種心境帶來持久的愉悅與祥和。

第五脈輪

元　素：光
顏　色：藍色
肉體特質：喉嚨、嘴巴、頸、食道
本　能：心靈的表達
心理特質：實現夢想、創造力、溝通、忠誠
腺　體：甲狀腺、副甲狀腺
種　子：個人的力量、忠誠、意願
負面表達：背叛、上癮、精神病、睡眠失調、謊言、害怕表達、聒噪、毒性

第五脈輪位於喉嚨的凹陷處，其運作攸關甲狀腺的功能，即專管體內溫度調節的機

制。藉由調節身體新陳代謝的速率，也就是體內能量燃燒的速率，它會影響體重和維他命的補充。梵語中，第五脈輪稱爲「吠舒達」（vishuda），意爲「純潔」。一千五百年前由帕唐加利（Patanjali）寫成、記錄瑜伽的最古老典籍中說到，某人因喚醒了身體上發光的中樞而具備了神奇的力量，這些力量包括分身（bilocate）、隱形、透視過去、領悟命運運作的方式。

第五脈輪是心靈的中樞，這一處的運作可以使人擁有透視眼、順風耳和超知覺，並且能作無聲的溝通。當第五脈輪功能失常，可能導致非所欲的心靈經驗，以及一種邊緣性格，容易罹患精神病或精神官能症狀。其無邊無際的幻想常不由自主地入侵日常生活的世界，使人分不清何爲幻想、何爲現實。當第五脈輪失衡，睡眠失調的現象會變得很普遍。

第五脈輪相當於二十八到三十五歲，正當我們意圖向世界確立自己的身分和角色之時。當第五脈輪乾淨無污，我們會開始在自身努力的領域中獲得成就的認可，在所選擇的職業中達到一定的水準。個人的經驗和知識將界定我們在世界中的地位。第五脈輪給與我們能力計劃可能的未來及實現夢想，積極想像未來將成爲什麼樣的人，自由接受往後無限的可能。

在這一脈輪中樞，隨著內在的圓滿第一次湧現，眞正的內觀和內省因而成爲可能，它讓我們得以反觀自我內在，覺察內心的各種作用。我們漸漸累積出一些足以形容自我情緒、心理和精神生活狀態的詞彙；到了第六脈輪，這些精神詞彙的幅度和範圍又增加，而在任何我們認爲需要改變世界的時候，找尋內在資源的能力也增強。

運用第五脈輪，我們醞釀出全方位的宇宙觀，不再把自我單純界定爲某一族群、部落或文化，能夠超越種族和出生地的狹隘思考，進而認同世界上每一族群。在第一脈輪，我們從母親身上認識自我的身分；在第二脈輪，這份認同擴及家庭；在第三脈輪，我們的意識漸漸背離父母，轉向認同同儕群體；第四脈輪，我們認同了國家、民族或文化；在第五脈輪裡，我們開始以地球公民的身分看自己。

第五脈輪爲心的感受發聲，它說出內心的愛、寬厚與原諒。在此一脈輪中，身體下部脈輪的土、水、火和空氣四項元素結合成純淨的能量，爲夢想提供了理想的架構和泉源，如同蜂巢爲蜂群提供了形式。喉部脈輪汲取此一泉源，進而建造出周遭的世界。

當第五脈輪醒覺時，它會帶領我們與生命同步。我們都曾經有過如下的經驗，某些早晨，我們質疑自己早知道就該待在床上，因爲事事不如意：走到廚房，發現麵包沒了；進到車裡，一路闖紅燈直達辦公室。當整個世界與你作對、所有事情都不順利時，我們可以藉由清潔喉部脈輪，一掃淤積在那裡的雜質和黏稠的能量，調整步調與生命同步。第五脈輪有如所有下部脈輪的煙囪，釋放所有未被第一脈輪吸納入土裡的浮動能量。清潔喉部脈輪的一個簡單方法爲，用手指輕拍該處三下。我時常在白天如此做，尤其當我面對能量毒性特強的病人時。

此一脈輪的負面表達是陶醉於自我的判斷，過度自以爲是。這些人從不傾聽別人說話，堅持自己是對的遠比了解重要，其危險性在於，個人傾向把心靈的洞見轉化成獨斷的教條。一旦第五脈輪的病狀影響及於國家和教會，就會有如宗教審判所的出現，以及現今世界各地爆發的宗教衝突。

對一般人而言，第五脈輪的作用在將下部脈輪能量燃燒的廢氣排除。多數人僅僅用聲音來傳達其下部脈輪的情緒需求，當我們更加了解自我心理和心靈的能量來源，便能夠增強此脈輪的力量。

天空（上部）脈輪

在第六、第七、第八、第九脈輪，身心的發展漸漸演變爲超個體性，我們逐漸探索更細微的領域，而這裡往往就是人們遇到瓶頸的地方。新世紀的神靈升天信仰強化了宇宙間存在著獨一無二之上帝的概念，上帝高高在上，俯視在下的大地之母。人體上部脈輪由下部脈輪所支撐，就如同樹的枝椏由根部來支持。上部脈輪的天賦是非常實際的，可以在人世間具體實踐，而非超越世俗；此一眞理已被每一位心靈導師所認可。當基督對眾人教誨「天堂之國就在你身邊」時，他所暗示的，正是天與地其實爲一、不可分割的道理。

在心理治療和個人成長的過程中，我們多多少少已熟悉了下部脈輪所衍生的諸多問題，譬如每個人都必須處理與父母間的情結，處理憤怒、羞愧、恐懼、性、欲望，以及對安全感的渴求。在上部脈輪中，我們進入了較不熟悉的範疇，這些脈輪的屬性和特質有時顯得難以捉摸。在某些例子裡，上下部脈輪之間的分別只是程度問題而已。想像一個孩童對母親的愛，與長大之後和情人之間的愛的差別，雖然兩者都是愛，但卻是截然不同的經驗（不管哪一學派的心理學都要我們相信，人們最終都要與異性的父母結合）。上部脈輪的特質是屬於靈性功課的範圍。

當安東尼歐和我試圖定義出上部脈輪的區域時，我們同時也辨認出與這些脈輪相契合的特質。第六脈輪的特質是步出死亡，第七脈輪爲駕馭時間，第八脈輪爲隱去身形，第九脈輪爲守住天機。

第六脈輪

元　素：純淨之光
顏　色：靛青
肉體特質：腦部、眼睛、神經系統
本　能：眞理
心理特質：推理和邏輯、智識、神入、沮喪、與壓力有關的失調、否認
腺　體：腦下垂體
種　子：開悟、自我實現
負面表達：錯覺、精神官能症、不足、奪取

第六脈輪或稱第三隻眼，位於前額的中央。在印度傳統裡，被認爲是濕婆（Shiva）的第三隻眼，濕婆是授與完美眞理與非二元性知識的神靈。此一脈輪的梵語爲「阿諸那」（ajna），意爲「無限的力量」。在第六脈輪中，我們明白了自我與上帝是不可分割的道理，不僅表達了自己內心的神聖，也在別人身上看到了神性，每當我們在明白這個道理

的人面前，便感到深刻的平靜和祥和。在第二脈輪的認知裡，男性與女性在身外相遇，而在這裡，男性與女性卻在體內融合為一。你明白自己是永恆的實體，棲於一具暫時的軀體中。

第六脈輪醒覺的人領悟到，眞正的自我必須褪去對自己身體和心理經驗的單一認同，超越身體和心理，卻又歡迎兩者進入覺知之中。當我們開始向內審視心理，便可進入超個人的狀態，好奇地跟隨心理流動，但不被它吸進去，當跨過了心理這一層，懷疑消失了，欲望和渴求不再成爲背後驅策的力量，你將自然進入知識的範疇，此一知識只能體會，不能言傳。然而並非此一領域存在言語之外，而是經驗本身足以道明一切。巫師們說，這個領域無法經由追索而發現，而是追尋者自然足以體驗。正如一對不再分開的戀人，只消一個吻便足以將他們結合在一起。如果沒有經驗者，那麼何來經驗？一旦此事被說開，它便瓦解了。這就像從一場夢中醒來，當你明白了只是一場夢，夢便已不復記憶。

當第六脈輪功能失調，人們就很容易將資訊與知識混爲一談，以爲自己已獲得了心靈的眞理，卻不知只是蒐集了一串事實。巫師知道如何使天空下雨，但卻不能夠解釋水是由氧與氫分子組成。心靈的物質主義正是第六脈輪功能失衡的結果，這些人往往對世界產生巨大的影響力，卻未承擔起服務的責任。我們置身於以名人崇拜爲主流價值的媒體環境中，第六脈輪的能量被扭曲，導致人們心靈的自大和自我膨脹。

身爲一名人類學者，我非常了解，與原住民部落的每一次接觸，其實都是一次對其文化的破壞，你帶來的食物、相機、工具，甚至西式服裝，都具有強大的瓦解力。我所師從的印加人，包括羅拉女士、曼紐爾先生，都仍自己紡紗製衣，完全沒有西式的穿著，然而在目睹瑪麗亞的小孩死去之後，我放下了人類學者的堅持，開始向學生們蒐集孩童衣物，以便帶給高地上的印加人。在各方慷慨捐贈之後，我們爲六個高地村莊的每一個小孩提供了夾克和冬衣。

一九九二年，我們開始派遣醫療隊伍前往協助這些村民。雖然他們很少與西方接觸，卻已被不少文明的疾病波及。我們每年爲超過三百名的成人和孩童提供醫療協助，在高地上設立一個營帳，充作野地醫療站。有一年，幾名偶然閱讀到我們在高地工作的人旅行到這些偏遠的村莊，他們走後留下幾箱嬰兒食物，數個當地的婦女便開始用這些食物餵食小孩。幾個月後，一名母親來到營帳，給我們看她四個月大的嬰兒。她家中的嬰兒食品在三個禮拜前用完了，而她的奶水早已經乾涸。那小嬰兒只剩下皮包骨，體重不到八磅。我們把所有剩餘的嬰兒食物都給了她，並建議她讓鄰居來餵小孩，直到小嬰兒能夠吃固體食物爲止。這些原本用意良好的旅行者，其實留下了危險的禮物。

我逐漸明白，應該從內心裡去發現巫士之道。我告訴學生，並不是跟從印第安人旅行，你就能到達智慧和力量，我發現，事實常常相反，如此反而使你分心，錯失與心中的大靈相遇。巫師是自我開悟的人，她們藉由內在的醒覺而發現了大靈之道。安東尼歐以前常提醒我，佛陀不是佛教徒，而基督也不是基督徒，一個坐在樹下修道，直到開悟，另一個則是在沙漠中獨行四十天。在第六脈輪裡，我們經驗到自我的醒覺，褪下外衣、鈴鐺、羽毛和所有外在的徽記，我們將震懾於生命本身的奧祕。

當第三隻眼醒覺，巫師從而明白了他是誰。第三隻眼告訴了他過去、未來，也告訴他積極想像各種可能的命運。某些傳說提到，那些喚醒此一脈輪的人甚至可以使軀體長生不朽；他們不會衰老，也不受疾病的侵犯，卻能永保年輕、活力和力量。這個第三隻眼醒覺的人所盼望的都能成眞，假使數個治療師對未來擁有同樣的盼望和期許，那麼整座星球都將實現此一遠景。不少原住民部落長期以來都實踐著這項信仰傳統，赫必族的長老或是印加族的男巫和女巫，有時會聚坐在一起冥想，想像未來的世界，讓他們未來的子子孫孫繼承。

第七脈輪

元　　素：純淨之能量
顏　　色：紫色
肉體特質：松果腺、皮膚、腦、荷爾蒙平衡
本　　能：普世倫理
心理特質：無私、正直、智慧
腺　　體：松果腺
種　　子：超越、開悟
負面表達：精神病、退化、譏誚

如同第一脈輪是進入土地之門，頂冠脈輪是進入上天之門，從這裡散出的發光線束，會上達宇宙星辰及我們的命運；大地之母提供保護，並以其生命力滋養，而上天則驅使我們走向未來。種子只有在肥沃潮溼的泥土中才會發芽，然而它們能持續成長，卻是因爲陽光；在萌芽之後，所有植物皆轉向陽光尋求生命的資源。我們的精神生活同樣萌芽於第一脈輪，將我們與土地連繫，但之後，上蒼之光會進入頂冠，餵養所有脈輪系統。梵語中，第七脈輪稱爲「薩哈斯拉拉」（sahasrara），意爲「空」。已經獲得此一脈輪之天賦的人不再需要軀體的形式，而能在時空內遨遊，他們與天地合爲一體。

第七脈輪的功課在於做時間的主人。當我們打破時間的線性和因果，便不再被過去牢牢禁錮。今天的結果不再是過去的延伸，人們會經驗到擺脫因果的自由。我們一腳踩在尋常世界裡，另一腳踩在精神世界中，而且明白它們同在一塊土地上。在第六脈輪裡，治療師必須知道過去和未來的事件，但是當開啓了第七脈輪的天賦，他便能影響這些事件；他不但能協助被治療者療癒過去事件的影響，還能幫他選擇一個不同的未來，一個擺脫了疾病而過著富足生活的未來。

在第七脈輪之中，巫師解脫了欲望、希望和懊悔。

在接近祕魯和巴西邊界的馬德烈德河上游，住著一名老巫師，他專精於施用「阿亞華司卡」（ayahuasca），一種存在叢林中的靈藥，可以讓人在適當的指引下經驗到死後的世界。這名老人鮮少說話，因爲根本用不著。在儀式當中，他只需吹口哨，吟唱河流及藥草之歌，你便能感覺到自己身處幽深的雨林中。你已經變成了河流、蟋蟀、蟬，甚至是短笛吹奏出來的點點音符。在第七脈輪，我們了解到生命是許許多多發光線束所織成的精細複雜的網，每一個人正是其中一條線，卻也是整個網。

我記得第一次去拜訪這名老人的情景。距離上一次吃下阿亞華司卡已經五年多，我很清楚這藥草的功力，因爲已經嘗試過好幾次，至少我這麼認爲。在吃下它一個小時後，我看到自己已死的影像，那死去的軀體就在我面前，毫無生命的，而我似乎站在遠處看著它，我知道自己的意識是清醒的，我是那看的人，並不是那具屍體。然後我感到一陣噁心，於是跑進叢林，感覺全身非常不舒服。

身旁的每一物都搏動著，因爲生命而震動：巨大的爬蟲、垂懸的藤葛，高大的巨樹像一個大天篷，爲眾多棲息的生物提供居處；一切都是活的，除了我。我變成一具活死屍，不再是那看的人，我感覺到生命的痛苦，和失去所愛的悲傷。然後我又變成那觀看的人，再度感覺自由。在那永恆之中，我不斷來來回回地在兩個觀點中變換，痛苦與平和、綑綁與自由、生與死，直到我明白它們根本爲一體，且同時存在。在第七脈輪中，不再有主體和客體，每一物都參與其中。原本明顯的矛盾融合爲一：生寄於死之中、平和存於痛苦、自由存於綑綁。

第七脈輪的負面表達是心靈的退化，卻以開悟的僞裝呈現。雖然爲了體驗超越，必須先跨出自我的門檻，但我們往往以爲所有超自我的狀態便是超越。認爲一旦去除了自我，便到達靈的境界，事實上是遠離了眞相。去除自我的狀態事實上包含許多層次，譬如在嬰兒的意識裡，自我與周遭環境是混淆的。在心理治療中，欠缺自我的界限被認爲是不健康的狀態。患有嚴重心理疾病的人，如精神分裂症患者，其自我分裂得太厲害而根本無法運作。在原始的部落中，此一入門的過程都事先謹愼地安排，以確保每一個學生都已具備穩固的自我意識，之後才能讓他們忘卻自我，達到超自我的層次。

在時下講求立即滿足的社會，許多心靈的追求者往往想要一腳跳過下部脈輪的功課，有些人被詭祕奇異的經驗所眩惑，有些則只是純粹欠缺耐心，不清楚自己仍須清潔下部脈輪，以作爲向上追求的準備，有時連傳授者都尙未完成自我清潔、淨化的功課，彷佛未覺察其必要性。這些人相信，不管什麼樣的斬獲，便都是一種啓迪，慨然拒絕應該更進一步的建議；這種心靈成長的錯誤概念在時下非常普遍。

那些將第七脈輪修練得爐火純青的人會獲得一種獨特的力量，包括喚醒那遠古時期屬於人性集體潛意識的記憶。羅拉女士曾經告訴我，進入這一層次的巫師的最後一項試煉，就是去回想那被述說的第一個故事。

「當宇宙仍年輕，四大傳說和植物尚未來臨之前，所傳述的第一個故事是石頭族（Stone People）告訴我們的，」她說。「那就是爲何我們要在營火周圍放一圈石頭。」

我懇求她再多說一些。

「去問石頭吧。」她回答。直到有一天，我終於想起。

第七脈輪的另一項天賦是轉換形體的能力。這些巫師明白他們與石頭、植物或土地無異。一次，羅拉女士以一位年輕漂亮的印第安姑娘的形象出現在我們的聚會，我被她深深吸引，傾心於她的眼神和一顰一笑。那天傍晚的某一刻，她走到圓石後面，搖身一變，變成羅拉女士，一個我所見過最樸實平凡不過的人。

「你不再認爲我漂亮了吧？」她帶著微笑問道。

嫻熟此一技巧的人理解到，生命總在有形與無形之外流動，超越存在與非存在的事實，更加清楚既不依存於時間，也不依存於形體的無限。

第八脈輪

元　素：靈魂
顏　色：金色
肉體特質：身體架構
本　能：超越
心理特質：無
腺　體：無
種　子：時間之外
負面表達：疾病模板、宇宙般無邊的戰慄

安東尼歐稱第八脈輪為「瓦拉可恰」，即「神聖之源」。這可能是他老人家自己獨特的描述方法，因為我沒聽過其他巫師們這麼稱呼。此一脈輪位於頭頂上，當它被喚醒，會發出如太陽般閃耀的光芒，懸於發光能量場內。當一個人把注意力放在第八脈輪，可以達到祖先的記憶，他會記起許多未曾直接經驗過的知識。打個比方，他會自然記起自己坐在草原上的營火旁，一隻水牛正在他身後，或者他在雪線之上的石廟內凝神祈禱。他得以接觸到遠古以來所有巫師的教誨，他們的聲音變成了他的聲音，這些遠古的導師就住在他體內。此一脈輪連接到最初的原型，那屬於集體人類的最初影像和記憶。

第八脈輪中儲存的資訊充當一個模板，會創造出肉身。此脈輪如同木匠，當打造出一張椅子（肉身）後，又將它丟進火爐燃燒，木匠沒有任何損失，因爲他知道自己可以再造一張。第八脈輪不會受到肉身死去的影響，假使脈輪中存在一個疾病的印記，那就像一個設計上的瑕疵，會不斷在每一張椅子上複製。

在第八脈輪裡，我們經驗到深層的合一感，不僅與萬物合一（此現象發生於第七脈輪），也與造物者合一。造物者是不可名狀的，無法被囚於任一形象中，被感官所知覺。這一類的邂逅常常被記載在古老典籍中：一名基督徒可能說到與造物者合一的經驗，與天使、聖者、或基督合爲一體；一名佛教徒也可能經驗到與佛陀合一的經驗，而印加巫師則感受到與太陽合一。我們與造物者合爲一體，知覺到神性的各種原型，這些都是數萬年來祖先們刻在石上、壁上和繪於紙上的上帝的形象。

第八脈輪的負面表達是宇宙戰慄，即那些被困於靈魂世界與物質世界之間的感受，既不生，也不死，陷於夢魘般的境地，怎麼也醒不過來。就精神層面來說，這是滌罪的過程，即佛教徒所稱的「中陰身」（bardo）。失去肉身的靈仍依戀在人世中的某一地或人，深陷其中。此一脈輪自發性卻失衡的醒覺也會使人陷於這種境地，許多人是在心理治療場所發生這種現象，也有部分是在家中獨處時發生，還有人是在參加詭異的邪教儀式時發生。

第八脈輪的特質是隱去形體，在這裡，我們意識到觀看者（佛教中稱爲目睹者）——打從一開始踏上心靈旅程時即出現的自我，會從心理逸出，而能夠觀看心理的動向，連同其上演的劇碼，而不被它吸引進去。觀看者目睹我們生命的開展，明白那些我們用來描述自己的故事終究只是故事，我們對自己所知的每一件事都不是眞正的自己。觀看者知道任何看得見或碰得到的都不是眞實的，觀看者固守著那細微的神祕，而非顯形之物。觀看者知覺到所有事物，但自己卻無法被知覺，因爲它無法變成一個可以被知覺的客體；觀看者是無形的，因爲它無法被看到。

一次，我和一名叢林女巫及其丈夫沿著河岸步行時，來到一處空地。他們對我說：「阿貝托，你走到前面，看看發生什麼。」

我往雨林跨出一步，發現那兒充滿了歌聲：鸚鵡的啼聲、猴群的喧鬧聲以及其他鳥的歌聲。當我跨出第三步時，叢林裡的所有聲響戛然而止，那名女巫，她一直在我身後步步跟隨，靠過來跟我說：「那是因爲牠們都知道你已被踢出了「花園」，所以全都停住了，牠們知道你被逐出了天堂，你不再和上帝說話。」

我認爲那全是無稽之談。就再往回幾碼的地方，我們剛經過兩名西波印第安人（Shipebo Indian），正用鐵叉串著一隻大蟒蛇偎著火燻烤。我走回去問他們，是否能給我一些蛇脂，他們已將滴下來的油脂蒐集在錫筒內。我認爲那些動物一定是聞到早上我用在身上的除臭劑或牙膏的味道，於是我脱去衣裳，用油脂塗在全身上下，決定讓自己聞起來像條蛇般滑入雨林。我走回叢林，跨出第一步時，耳邊洋溢著亞馬遜音樂，但走到第三步，整座叢林又一片闃寂。

幾年後，我學會了隱身術，終於能夠走入叢林，且被認可爲「花園」的一份子，一個能夠與自然對話的人。人們藉由去除自我的執著，和保持靜止的練習，能隱去形體。

最後，觀看者將顯露他所來之處，那即是「靈」，或爲第九脈輪。

第九脈輪

元　素：靈
顏　色：透明的白光
肉體特質：無
本　能：釋放
心理特質：無
腺　體：無
種　子：無限
負面表達：無

第九脈輪位於宇宙的中心，貫穿無垠的太空，透過一條發光束與第八脈輪連接。巫師能夠經由這條線束體驗到萬物的浩瀚。我們將此中心同樣稱爲脈輪，是因爲未想出更恰當的名字，事實上那是大靈所居住的地方。超越個人的靈魂而存在，將我們維繫在時空的連續性和濟助之內，而與第八脈輪相互銜接。它是宇宙中一切事物的大靈，觀看者最終將成爲那所有被觀看之物。

第九脈輪是從未出生亦從未死亡的自我，它先於時間，從不曾進入時間之流；而且先於太空，早在宇宙成形之前即已存在。這便是從未離開伊甸園的自我。

第九脈輪的過程是守住天機——一個祕密，甚至對自己。這個祕密是在很久很久以前，那我們熟知爲上帝的巨大力量，在祂未顯形的空無裡作了一個決定，那就是體驗祂自身。所以祂顯形了，在十二億萬年前，從一個單一，化成宇宙間千千萬萬的形體：蚱蜢、鯨魚、植物、月亮。由於此巨大力量是無所不在而全知的，祂的每一個顯形都擁有這些特質，因此祂必須守住這個祕密，即祂存在的這個事實，不讓祂自己知道，如此才能透過祂千萬的形體來領悟自己。

當此一脈輪被喚醒，將會發出隆隆的深沈笑聲，劃過天際，在山巒和雷霆間迴響。

第5章 巫師的觀看之道

在納茲卡，沙漠上烙刻著巨大標記的地方，描繪著巨大蜂鳥、蜘蛛、幾何線條，向外延伸到地平線的彼端。艾瑞克·馮·但尼肯（Erich von Daniken）說，這些圖形是上帝從外太空來到地球時著陸的地方，再沒有比此更離譜的說法了。

巫師在這裡畫了一個巨大的曼陀羅，好把平衡帶給天地。長方形、三角形和各種線條，都是某個已被遺忘的神聖幾何圖形的一部分，但它們的力量至今依舊不減。每一次於夜晚進入圖形之中，我便能看見能量，但月亮的位置必須剛剛好，這是最神奇的事。一開始時，我觀察到類似指紋的東西盤旋在沙漠上，接著慢慢轉化成形體；奇怪的是，我們都看見同樣的東西，難道這是一種集體幻覺？

昨晚的月亮正好。我們一群人大約十二個，在沙漠上一個巨大的螺旋形圖案邊緣嘗試體驗，那螺旋圖案彷彿一條蜷曲的蛇。艾德渥多向我們解釋，當我們走進螺旋之內，便能卸下終日縈繞心頭的過往，一旦走出螺旋，我們將召喚自我的未來。當巫師走了進來，我看到一具黝暗的形體潛伏在他背後，我拍了拍伊莎貝兒的肩膀，她是羅拉女士最年長的學生，也是這一群中最傑出的觀看者。

「那是什麼？」我問。

當艾德渥多沿著螺旋的彎曲行走時，牠靠過來。然後我們看見了，那是任何人可以想像得到最可怕的野獸，一半像爬蟲動物、一半像猩猩、一半像人類，實在值得作為某超現實畫派的繪畫主題。牠追上艾德渥多，正伸出利爪要抓住他，不過旋即被地表吞噬，艾德渥多已經到達螺旋的中央，手臂向天空高高舉起。

走出螺旋的區域後，我們開始描述各人所見。

「那是奇空嘎（La Chiconga），」他說：「牠是一種力大無窮的野獸，是很久很久以前我的導師之一創造出來的。牠不是一種自然的動物，從來都被邪惡的巫師用來施行害人之事。當那個老師死後，奇空嘎因為失去主人而來找我，我已經好幾年沒看見牠了，很高興牠走了。」

我原本知道，艾德渥多年輕時、在走上巫術治療的道途前，曾跟著幾名邪行的巫師

110
台北市和平東路三段509巷7弄3號B1

生命潛能
文化事業有限公司

廣告回函
北區郵政管理局登記證
北台字8851號
免貼郵票

生命潛能網址：http://tw.tgblife.com/
沙鷗異想天地：http://blog.roodo.com/devahalima/
天使之光部落格：http://tw.myblog.yahoo.com/lightfromangels/

生命潛能出版社 讀者回函卡

姓名：______________________ 性別：□男 □女 年齡：______

教育程度：□國中 □高中 □大專 □研究所（含以上）

電話：______________________ 手機：______________________

住址：□□□□□______________________________________

E-mail：____

關於本書

購買書名：____________________________________

購買方式：□書店 □網路 □劃撥 □直接來公司門市
□活動現場 □贈送 □其他

何處得知本書訊息：□逛書店 □網路 □報章雜誌 □廣播電視
□讀書會 □他人推薦 □圖書館
□演講、活動 □書訊 □其他

購書原因：□主題 □作者 □書名 □封面吸引人
□價格 □促銷活動

您對此書的意見：

是否購買過本社其他書籍：

□是 書名：____________________□否

對我們出版品有興趣的系列：□心靈成長 □健康種子 □兩性互動
□美麗身心 □心靈塔羅 □親子教養
□奧修靈性成長 □心理諮商經典

期望我們出版的主題或系列：

您對我們的建議：

您希望收到生命潛能的免費電子報嗎？ □是 □否

感謝您對我們的支持，為了答謝您的寶貴意見，我們將於每月抽取一名幸運的回函讀者，致贈本社新書一本，期待您的熱烈回覆！

學習，以前就聽他提起過奇空嘎的事，但一直以為那純粹是編造的故事。在圖形當中獲得的能量能迴繞著你很長一段時間。

——手札

本章的練習在發展內在看見能量的潛藏能力。你將學著感知發光能量場、光之流，及解讀那如盤狀渦旋的脈輪。一旦學到巫師觀看的本領，便能追溯引動發光能量場內印記的原始傷口，同時還能讓你找到從外界闖入體內的能量，探查出它的存在，因它可能導致情緒和身體的傷害。

我在爲患者治療時，往往能感知其過去的創傷事件，如同在我眼前重新上演。雖然所感知的事件不見得精確，但其主題和對當事人情緒的影響卻往往相差不遠。譬如在黛安身上，我便感知到一個年輕女孩遭遇到一場車禍；她雙手抱頭，緊閉眼睛，身體變得僵硬，接著靈魂離開了軀體。那靈魂盤旋在女孩上方，告訴我她不想回到軀殼裡，因爲那裡不是安全的地方。

我對黛安說明我所看到的情形，黛安卻說她不記得有任何的意外事件，必須問問母親。她的母親後來證實，黛安小時候確實發生過一次意外，但沒有人受傷。只是從那以後，黛安的靈魂一直一半在身體內，一半在身體外，對自己從來沒覺得舒服過，從未有一刻覺得安全；她的發光能量場內清楚記憶了這個訊息。

神聖的光環

馬雅人、印度人、佛教徒、澳洲原住民、印加人及早期基督徒，都以類似的圖像描繪了這種能量場。五千年前在埃及南部爲國王的墓室彩繪的藝術家，在繪製托特神（Thoth）時，就在其頭頂上畫了一個發光的球狀物，這如月光般的物像即象徵了他的能量，以及與時間週而復始的循環本質相契合的能力。此光暈相當於亞馬遜巫師所描述的第八脈輪；這些叢林住民認爲，此一脈輪的天賦正是埃及神話中諸神所代表的特質——即跨越時間的能力。

同樣的，基督周圍的光暈和環繞佛陀或紐西蘭毛利族巫師的光環，在本質上亦相同。這些繪在石頭、木板、畫布的影像再度證明，能夠感知人類發光現象的觀見者確實存在，那不僅僅是藝術家用光暈作爲象徵，他們就是觀見者；他們所感受之現象如此近似，足以證明每個人都擁有此內在能力，去感受人們的能量場。

雖然有關發光能量場的描述遍及世界每一處，且自古至今皆然，但大多數的西方人士仍舊難以接受，他們認爲埃及人或佛教的藝術家在書寫或繪製光暈時，只是在隱喻某種形式的開識和悟道。我們想像，此一悟道是聖者、賢人所修練成的內在狀態。由於人們通常無法直接用肉眼看見光暈，因此不相信它是確鑿的事實，而且科學亦尚未證明發光能量場的存在，因此人們更加不相信它是眞的。然而，若是我們願意想想，在牛頓證明重力是自然的基本力量之前，科學尚不知此一現象，但幾千年來，蘋果一直從樹上掉落，水也一直向下流。當然，重力現象比人類的發光能量場容易觀察多了，但對全世界的巫師而言，能量和靈的不可見世界，正如水往下流一般明白可察。

當西方人嘗試接觸巫術技巧時，某些障礙浮現出來。在我們身處的文化裡，凡是有人宣稱看到了能量，都被譏爲瘋癲、神經病，需要個別的心理治療。我記得以前在北加州一所醫院的心理部門實習，所發生的一件插曲。在我工作的第二天，一名叫做皮得羅的病患走上來對我說：「我知道你是誰，你騙不了我。」接著他開始描述我兒時到長大的點點滴滴，那是除了我家人之外沒人可能知道的事。皮得羅的心靈能力是在多年前一次使用LSD迷幻藥的糟糕經驗中爆發開來的。他待在精神病房，因爲不知如何處理所看見的東西，而不斷警惕旁人他所見到的奇異驚怪的景象。我們的醫生和治療師通常不知如何協助這些天賦異稟的人，不論他們是突發的，如皮得羅，或溫和而自發性的，像有些人在童年或青少年時期所發現的。皮得羅被進行嚴密的醫療診治，而且沒有療癒的希望。在部落文化裡，他說不定能擁有醫療先知的地位，協助巫師來診斷疾病。

巫師身上此一觀看事物的天賦必須加以修練而成，就如擁有音樂天賦的人同樣須勤於練習，而且受到適當的鼓舞和激發，才能以高超的技巧演奏樂器，因此想要一眼就能看見發光世界，是需要培養和磨練的。數千年來，世界各地的巫師不斷琢磨精進此一技術，這些技術所存在的社會裡，人們對於能夠瞥見肉眼看不見的世界的人，給與無上的榮耀。我已經採用了其中最有價值的幾項練習，傳授給我所創設的「發光能量治療學校」（Healing the Light Body School）的學生。

視覺傳訊流程

動物的視力稱得上是一個偉大的奇蹟，經過千百萬年的發展而臻至完美。從蚱蜢到鯨魚——對許多生命形式而言，它是知覺外在環境的主要工具。人類的視力藉助於三項要素：眼睛、視神經、大腦中的視覺皮層。眼睛將光線轉換成電子訊號，視神經載送這些訊號傳送到視覺皮層，視覺皮層即大腦中的「掃描室」。視神經將一長串的電子從眼睛傳送到腦的過程，就如電視的纜線把訊號傳送到電視機上，於是位於腦後方耳朵後面的視覺皮層就形成影像。因此人們所見之物全發生在腦內，雖然實情似乎是我們看見外在的世界。

眼睛對於感知能量和靈的不可見世界發揮甚少的作用。視網膜只記錄下電磁光譜中相當窄淺的一段，譬如它們沒辦法記錄紅外線和紫外線，而皮膚卻可以作出反應。視神經也幫不了忙，因爲它是單向的纜線，只連接眼睛到掃描室。然而掃描室卻是個複雜超凡的結構，視覺皮層能夠將能量（視神經所傳送的電子脈衝）轉換成活生生的影像，因此看見能量的機制早已就緒。要感知發光能量場和當中烙印的故事，我們只需改變訊號的來源，然後讓視覺皮層自然去做它原本的工作——創造影像。

當外科醫生檢查心臟時，他可能會爲你做心電圖。黏附在胸前的感應器會將訊號經由一根電線傳送到圖表記錄器，從那兒顯示出心跳律動的影像；如果他想檢查酒窖的溫度，那只要把感應器黏附在溫度計上，而使用同樣的記錄器即可。只要用對了感應器和電線，圖表記錄器便能測量從心跳到地震的任一形式的活動。尋常的時候，眼睛是感應器，視神經是電線，視覺皮層即是記錄器；然而爲了看見能量世界，我們必須把感應器（眼睛）和電線（視神經）拆除，但保留記錄器——視覺皮層，記錄器的唯一功能就是把訊號轉變成影像，這就是爲何我稱它作「掃描室」。

我們身上都擁有足以發展巫師觀看之術的感應器，那就是第六脈輪（前額中央的第三隻眼）和第四脈輪（心脈輪）。將心脈輪和第三隻眼連接到視覺皮層，我們便可以用精神之眼和心之眼來觀看。這個挑戰是必須找到一條電線，從脈輪連接到頭腦後方的掃描室。

由於曾爲解剖系的學生，我深知人腦的結構非常固執，一旦腦中的神經路徑建構完成，便很難再去改變，因此想再重設新的路徑到達視覺皮層是不可能的。一旦視神經被切斷，人的視力便無法再恢復，然而他仍舊能作著五彩繽紛、充滿想像力的美夢。大腦無法重新建構路徑讓訊號到達視覺皮層，因此，爲了能用心之眼看，我們必須創造出一條腦外的路線來連接，那就是巫師的觀看儀式。我們可做出一條腦外路徑，連接心和第三隻眼到達視覺皮層，讓視覺皮層去形成發光世界的多重知覺影像。

人類出生的頭幾年，小嬰兒腦中的突觸大約是成人的十倍。突觸就像從神經細胞向外伸出的分枝，向四面八方歧出，直到它們找到另一可接上去的分枝。突觸是人腦處理資訊的路徑。當我們還踉蹌學步時，腦中可能發展出六種不同路徑去接近水杯，將它拿起；最後，當我們學到最便捷的方法，包括用右手或左手，其他方法便萎縮而死亡。突觸連接每一個腦細胞，我們可以將它比喻爲森林中的小徑；有些小徑非常筆直，直接越過草皮到達河流，但某些路徑就顯得迂迴蜿蜒，繞過大片的白楊樹和榆樹，但最終仍到達同樣的河流。一旦我們畫好事實的地圖，百分之九十的突觸於是死亡，我們變得只熟悉一種路徑到達河流，其他路徑皆被刪除；一旦學到了經過草皮的路徑，便不記得有白楊和榆樹的存在。這時若有一名旅人告訴你，曾在前往河邊的徑旁看見大片的樹林時，你必是滿臉狐疑，覺得不可思議了。

在我們的文化裡，畫出不可見世界的地形不是件重要的事；此一靈的世界甚至不被認爲是眞的。根本沒有河，又爲何要闢出一條路徑去河邊？西方人士尚未發展出神經的路徑去感知能量，所以我們必須在大腦外圍建構這些路徑。你可把它想像成泛著金色光芒的子午線，沿著頭腦外圍分布，將第三隻眼和心脈輪連接到頭顱後方的掃描室。這些路徑能重組各種形態的感官資訊，如影像、質感、聲音、味道、香味等等。

恢復感官知覺

能量世界無法以邏輯和理性來感知。我們必須喚醒小孩天眞單純的感官，重新發掘原始而直接的知覺。孩童探索不同的觸感、分辨顏色、在石頭下找尋，逢人就問爲什麼，這就是立即而原始的知覺。當基督說：「除非你學習像個小孩一般，否則你無法進入天國。」他其實是教誨我們，必須學習重拾純眞的態度來探索世界，清除掉層層堆積、先入爲主的觀念。語言和理性往往將我們與直接經驗隔絕；名詞和邏輯雖然實際，卻將我們與生命之謎遠遠隔開。

我們希望在進行以下的練習前，先融入我們的感官，否則這項練習會變成一種智力活動，以致受限於眼中所見。當你融入感官，你將經驗到世界的神聖性，一切所觸摸、所品嚐、所聽見、所看見的，都不再將我們與經驗分開，反而與察覺之象合爲一體。你聞到香氣，便成爲那香氣，無法與之分開；這不是詩般的情境，而是對於連繫的深層了解。打個比方，當女巫在亞馬遜的源頭探杯取水，她心中不是想著：「啊，如今這水是我的了。」反之，她看到的是：「如今亞馬遜之水流入我之中。」

復甦感官的練習

找到你的脈搏，感覺它，但別看錶、別數心跳，只是體驗血液的潮汐流過你，那生命之血在體內沖刷漲退。感覺脈搏的律動，那是你的節奏，沒有任何人的節奏和你一模一樣。印尼的島嶼居民認爲，一切生命體都有其律動，數千年前，他們用銅鑄造了數個如大象般巨大的鼓，用它們擊出萬物的律動，以便調整其靈魂與宇宙的節奏契合。

運用想像力，你的血液是什麼顏色？你確信它們是紅色的嗎？爲什麼靜脈是藍色的？你的血液何時變了色？爲什麼？別回想高中生物課所教的內容，你的身體自然知道它的答案。問問它，尾隨你的血液進入心臟，爲自己解答，心臟是接受從肺流過來的鮮紅、富含氧氣之血的第一個器官，它先餵哺自己後，再將血液壓送到身體其他部位。

現在把注意力放在呼吸上。先蓋住一邊鼻孔，然後換另外一邊。空氣經由哪一個鼻孔出入？我們通常只用一邊的鼻孔呼吸數小時後，才改用另一邊。跟隨你的呼吸進入風管，然後肺臟。感覺如何？聽起來平順還是帶著粗嘎的聲響？你的呼吸從哪兒來，而它有多長？

接著融入你的嗅覺感官。你的味道如何？每個人皆有獨特的味道。在切了大蒜或九層塔後，聞聞你的手。吸入各種不同的氣味：花的香氣、醋的刺鼻味、腐壞牛奶的苦味、薰衣草的香氣。多數哺乳動物藉助的便是其嗅覺，北極熊能夠在三十哩外聞到海豹的味道，猴子相遇時會先聞聞彼此身上的氣味，而叢林中的獅子則聞得出你的恐懼。

再接著，擴展你的觸覺，皮膚是身體上範圍最廣大的感覺器官，其構成的組織與大腦和神經系統的組織完全一樣。皮膚是活的，憤怒時，它會突起，驕傲時煥發光采。緩緩撫觸你的臉頰，感覺你的嘴唇，用手指劃過它的周圍。撫觸所愛之人的臉頰。接著，注意力放到足部，動動鞋子內的腳趾。人類的腦很多時候處在抑制感覺的狀態；早晨穿鞋時，你感覺得到鞋裡面的溫度，和其中的觸感，但隨後大腦會抑制這種感覺，因為畢竟你不想整天去注意你的鞋，只有在你踢到椅子、或踩到大頭釘時，你才會再度注意到腳。下次當你坐下來吃一頓飯時，用另一隻手拿筷子，注意一下那笨拙的感覺，用這樣的感受去注意每一個咀嚼動作，和食物的味道。

融入你的味覺。你的皮膚味道如何？舔舔你的手臂，是鹹的還是甜的？你的血液嚐起來如何？下次不小心切到手時，注意一下它的味道。水又嚐起來如何？通常我們以為自來水是沒有味道的，這不是眞的，水有其特殊的味道，每一個城市和每一條河流的水，味道都不同。慢慢啜飲，品嚐其味；感覺水的清涼，讓自己變成那股清涼，感覺它充滿口中的滋味，從那裡擴散到全身，讓清涼之感充溢體內。

最後，閉上眼睛，作個深呼吸，仔細傾聽。周遭是些什麼聲音？盡可能分辨出最多的自然聲響。是否有鳥鳴聲？有蜜蜂嗡嗡的聲音嗎？身旁的聲音是否全是人為的響聲？有沒有任何低沉的隆隆聲？或高音頻的尖叫或吱吱聲？有機會在亞馬遜叢林追蹤美洲豹時，仔細聆聽鳥叫聲，牠們相互的警告，可能早在豹子碩大的身影現身前，就提醒了你牠的所在。

爲了實現這種基本的覺察，巫師早已發展出一種「共同感官」，可以通往所有感官覺察。他們能夠品嘗火焰、觸碰花香、嗅聞影像，尤其，能在經驗被分割爲各種感官之前，就獲得一種覺察，即一種被稱爲「牽連感覺」（synesthesia）的能力。對那些與最初、直接的大自然體驗重重阻隔的人而言，此感官形態的混合聽來有些不可思議。音樂家往往述及，每次聽到氣流迅速通過羽翼的聲響，便彷彿看到翱翔而過的飛鳥。這種共同感官——原始覺察的標記，是大多數人隨著文明的進展而喪失的能力。

哲學家莫里斯·馬勞-彭迪（Maurice Merleau-Ponty）在《覺知的現象學》（*Phenomenology of Perception*）中寫到：「牽連感覺是一個定則，但我們從未知道，因爲科學知識蓄意轉換了引力經驗的重點，以致於我們根本未學習到如何看、聽及（最一般的）感覺，以便從自身的身體去推論這個世界，如同物理學家所理解的，所看、所聽、所感覺。」當我們將注意力及意識帶到觸覺、味覺、感覺和聽覺時，牽連感覺將自然而生。

關於牽連感覺，我所偏好的一個練習是「品嘗」你的情緒。試著注意口中的味道，它是甜的、酸的？像木頭、還是金屬？回想一件曾讓你沮喪的事，注意口中的味道是否改變。回想一個愉快的狀況，再感覺口中的味道如何。然後再回想一件令你恐懼的事情，你能否品嘗出那害怕的滋味？還有，愛和歡樂的滋味又如何？

第二注意力練習

第二注意力練習其實是練習眼球的運動，彷彿爲神經網路重劃刻度，練習把身體的感官知覺在三十秒內歸零，否則感官知覺會仍舊鎖在第一注意力裡，即尋常現實的狹隘觀察之中。此一初步的練習中，我們將利用第二注意力去釋放運動感覺，來覺察身體上能量的經絡，一旦感覺到能量，便可將此一感覺透過牽連感覺轉換成影像。

想像你的眼睛是時鐘的表面，眼球如同一個指標，會反應出每一心理活動所運用到的大腦區域。比方許多使用右手的人在執行算數題目時，眼球會轉向十點鐘方向，而在回憶最喜歡的歌曲時，眼球會往兩點鐘的方向轉動。找一個夥伴彼此作觀察，要他們算算看二十七加十九，然後觀察其眼球往哪個方向轉動。每個人的反應皆不同，但他們的眼球每一回都會往同一個方向轉動。現在要他們回想剛出爐麵包的香味，或一首歌，觀察其眼睛移動的方向。此身體反應的現象就是第一注意力，即尋常現實的感官協調。

第二注意力練習包括闔起眼皮轉動眼球，好來清除知覺螢幕。闔上眼睛，轉動眼球（勿轉動頭部），由左至右、上至下、左上至右下、右上至左下。現在以劃大圓的方式轉動，左至右三次，右至左三次。再重複一遍，以眼球劃小圓圈，眼皮仍然闔上。

雙手合十，如同祈禱的姿勢（身體上的十條主要經絡線皆經過手和手指，當我們作出祈禱的手勢，等於是使流過經絡線的能量達成平衡，或許這正是爲何此一姿勢會與祈禱相關，因爲人們在祈禱時都渴望自己處於平衡的狀態）。同一隻手的手指之間需留些空隙，而兩手的手指尖互相碰觸，食指對食指、大拇指對大拇指……以此類推，雙手輕靠在胸前。雙手併攏後作幾次深呼吸。

接著，雙手分開，用力向兩側搖晃三十秒，然後放鬆，讓兩手變得虛軟，再度讓雙手合十如祈禱姿勢。慢慢將掌部分開，但指尖仍併合，注意手部的感覺，是否覺得涼涼的，或是溫暖？是否感覺雙掌之間有股輕微的電流？慢慢分開雙手，繼續對指尖保持注意力。是否感到指肉上有股刺刺的細微震動？試試看兩手分隔多遠後還能保有這種電流通過的刺痛感？想像自己看得見指尖之間連結的發光線束。這些就是身體上的能量經絡。多練習幾次，直到能夠將雙手分開十二吋之遠，而仍可感覺到經絡線。感覺一下那隻手比較敏銳，你是否覺得右手指尖或左手指尖對能量的感應較強？

感應發光能量場

接下來要學習的是，掃描發光能量場的薄膜。雙腳站立，閉上眼睛，做第二注意力的練習。注意你的呼吸，禪修打坐的人通常持續注意自己的呼吸，讓大腦只專注於此，而讓意識去探索其他領域。

用力搖晃雙手幾秒後，併攏合十，慢慢轉動兩手，最後讓手心向外，與自己身體的方向相反。慢慢將雙手往外推，直到離腹部約一呎。來回移動雙手，彷彿擦玻璃一般，試著感覺發光能量場薄膜的內層，或者說它的皮膚。它光滑嗎？或者有什麼特別的質感？它有彈性嗎？柔軟還是堅硬？感覺溫熱或沁涼？你能否將它往外推，使它擴大？（生活在都市之中，發光能量場往往緊緊圍住身體，如同一個絲繭，但如果待在大自然中數天之後，它會擴張到兩臂張開的寬度。）它有隆起或凹下的地方嗎？這些地方通常代表發光薄膜較脆弱之處，我們的能量正是從這些地方外洩，而其他能量或情緒足以趁隙而入。想像你的發光能量場是什麼顏色。

做完之後，將手回復合十的姿勢，做幾次深呼吸，平衡體內的能量。多多練習，直到你能夠清晰感受到發光能量場薄膜的質感。

閱讀脈輪

我們將運用類似的練習來感應身體上的脈輪。練習當中，我們將一一去感覺下部的每一個脈輪。運用第二注意力的練習，用力搖動雙手數秒鐘後，兩手合十，仔細感覺你的呼吸。

雙手打開後，手掌往下移到肚臍下方三吋處，讓手非常接近皮膚。仍然注意呼吸，想像你的脈輪是能量的漏斗，在皮膚外盤旋，如同光的旋渦。漏斗的外緣大約離身體三到四吋，但有一半以上是鑲嵌於身體之內。找到第二脈輪的外緣，感覺它的圓周及當中渦旋的能量。每次我將一根手指伸入脈輪中，便感覺到能量如清涼的水流過我的指頭。

慢慢把食指伸入脈輪中，朝身體這一側滑動。感覺如何？覺得微涼、微溫，還是介於兩者之間？把注意力放在指尖，感覺指肉上的觸感，是柔軟還是粗糙？腹部脈輪與「非戰即逃」的反應有關，任何恐懼或危險的經驗都會立即記錄在此一脈輪中。用手指尖探索第二脈輪時，回想上一次你覺得害怕的時候。你是否注意到那質感有所變化？每個人對能量的感受皆不同，你或許覺得冰涼，而別人卻覺得溫熱。第二脈輪是最容易解讀的地方，因爲它是熱情和情緒棲住之處，電力強勁。在第一脈輪上重複此練習。回想過去曾經感到安全、受到保護的片刻，可能是年少的時候的感受，注意脈輪質感和濃度的變化。現在再回想曾經覺得不安全的時刻，譬如從噩夢中醒來時，此時能量的觸感又有何不同？

接著試試第三脈輪，回憶自我成就被旁人賞識或認可的情景，能量的質感是否又有不同？再回憶覺得羞愧時的情景，感覺其能量的變化。現在把手移至第四脈輪，回想自己談戀愛時，初次邂逅你的配偶或男女朋友的情景，然後再回憶被棄和心碎的時候，注意能量品質的改變。再感覺第五脈輪，回憶自己覺得內心平靜的時候，或是打坐冥想的片刻。再回想曾經覺得自己不被所愛的人傾聽的情況，此時能量的質感如何？

到目前爲止，所有練習都是量的測量，讓讀者們感覺脈輪中能量質感和強度的狀況。多數治療師都未超越此一階段，他們感覺到能量的強烈或微弱，之外再也沒別的超能本事。然而我們想要繼續發展下一階段，即質的測量：能量中包含什麼資訊？當中的故事爲何，是歡樂還是痛苦？我們必須透過第二覺知才能達到這樣的理解。第二注意力的練習主要將感官系統鬆綁，而第二覺知的練習則讓你讀到能量中隱藏的故事。

第二覺知練習

第二覺知能讓你覺知到隱含在能量之中的故事。人們可以沿著頭皮安裝發光線束，發光線束能播送訊息從第三隻眼到達視覺皮層，訊息繼而在那裡被解碼，形成全彩的影像顯示出來，從心脈輪傳送出的訊息同樣經由發光線束到達視覺皮層，然後顯像，這些腦外的路徑可以傳達情緒和心靈上的洞見。第三隻眼主要記錄事實，心脈輪則是記錄感覺，透過此一方式，你的觀察所見會因憐憫而緩和。第三隻眼本身是平靜而冷漠的，而心脈輪則是善感又多情，兩者相互運作之後，兩者便成爲治療師力量最強的理解來源。我的學生之中，百分之九十以上皆能夠成功發展出此一技巧，顯見這並非少數人才有的天賦。視覺皮層能夠將任何東西具象化，除此之外，還可以將訊息解譯出來，創造出充滿象徵和意義的影像。

雙手合十，做第二注意力的練習，同時做幾個深呼吸。接下來用指尖輕拍胸腔的中央，高度約在心臟的位置，輕拍一條想像的光之鍊的輪廓，從心繞到頭蓋骨的後方，直達視覺皮層（圖三）。緩慢而專注地重複此一動作三到四次。

接著輕拍位於前額中央的第六脈輪，輕拍一條想像的帶子，它由前額環繞到後腦勺頭蓋骨的基部；沿著一條正好在耳朵上方的線（圖三）。重複數遍。

現在再輕拍第六脈輪，沿著一條經由頭頂到頭蓋骨基部的帶子，用兩隻手沿中線輕拍，想像自己把一個發光的冠冕戴在頭上。

將光之環和光之鍊具象化，在腦的外部安設一條路徑到達腦內的視覺皮層。想像能量流過，使之活躍。我將這些路徑想像成閃爍的纖絲，想像金色的光從中流過，一開始

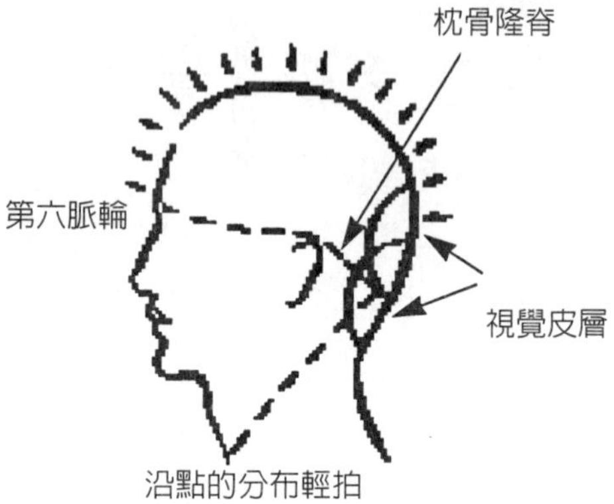

圖二：光之冠

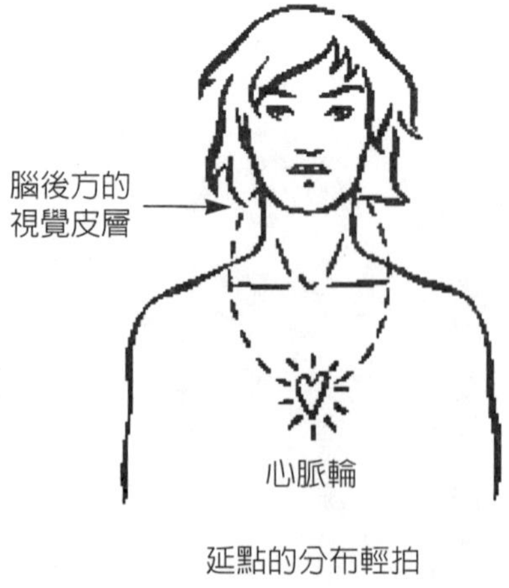

圖三：光之鍊

緩慢，但速度和強度漸增，直到整個系統因光而搏動。我發現有些學生很快便發展出此一「看」的能力，他們的發光路徑很快就安設好，並且能立即傳送資訊。有些學生則要花上數月至數年的時間。第二覺知無法因爲努力嘗試而獲得，因爲嘗試是一種意志力，屬於尋常（第一）感覺的世界，你所能做的只有活化腦外的路徑，然後讓腦內的視覺皮層去執行它的工作。

或許有一天你會突然發現，自己有時竟已能「看見」。我自己則是費了好幾個月練習，活化大腦外部從前額和心脈輪延伸到頭部後方的發光路徑，才逐漸達到可靠的效果。有一天我翩然醒悟到，自己已有數月的時間看見發光能量場，只是一直沒注意到。那眞是一個奇異又熟悉的感覺。最初我僅能閉上眼睛看見發光能量場和脈輪，這時我便把雙手合十，作深呼吸，在分開手指的當頭觀察能量的流動。漸漸地我能將注意力停駐在尋求治療的人身上，看見他們身上的發光能量場。剛開始，尋常現實的景象很容易闖入，形成干擾，但時間一久，即使張開眼睛也能清楚看見。最重要的是，因爲看見他們所遭遇的嚴酷人生難題，心裡面不禁生出對他們的同情和理解。我每每只在獲得當事人的同意之後，才運用第二覺知（或是在上飛機之前，先確定身旁的每一位乘客都有健康的發光能量場，如此可保證我們能安全抵達）。

練習覺察身旁植物和動物的能量場，注意觀察從寵物身上延伸到主人的細絲，或家中的植物延伸到大自然及自己身上能量場的細絲。認識到我們能夠看見能量或靈魂世界的這個事實，不但是確定了自我能力，也是對不可見世界存在的肯定。

蘇珊剛註冊進入我們的「發光能量治療學校」時，年約五十多歲。她是德州一所大學的教授，十年前曾經和我一同旅行至祕魯。我們已數年未見，我們談話的時候她告訴我，她正經歷無能為力的偏頭痛，而且狀況每天發生，一旦頭痛發作，便有將近一小時無法教課，甚至不能走路。醫生找不到任何身體上的原因，而偏頭痛的情形持續不退。她要求我為她掃視發光能量場，以便發現到底是何原因。

蘇珊坐在我對面，背倚著白牆。我把房內的燈關小，放散視線焦點，雙手合十，進入沈靜的狀態，開始運用所學的第二覺知。我立即發現蘇珊的第七脈輪阻滯不通，沒有任何能量流進流出。正常的狀況下，第七脈輪像一個能量的泉源，從頭頂上源源湧出，環流至發光能量場各處。她的前額上方顯現一池色暗而厚的能量，而在這一點的後方，我看見一個大小如一顆蛋的塊狀物。整個發光系統搏動著，包括此一蛋狀物及其周圍的暗黑能量。雖然蘇珊的醫生找不到引發她偏頭痛的原因，但我卻覺察到一個明顯的身體狀況，在她的頭顱內形成壓力。我為她做了光啓儀式，為她清除偏頭痛的印記，及盤旋在大腦周圍的暗黑能量。

當我再度掃視蘇珊，卻發現那物體仍舊存在，於是我堅持要她回去讓醫生做核磁共振掃描，以便做更徹底的檢查，細看頭顱內部的情形。蘇珊的醫生不願這麼做，他們認為此一要求欠缺正當的理由，且此一手續耗資昂貴，假使蘇珊堅持這麼做，那會耗費她所有的積蓄。蘇珊依然堅持，微笑著告訴她的醫生說，她的巫師命令她這麼做。底片洗出之後，果然有一顆如蛋的腫瘤懸垂在腦部正中央、腦下垂體側邊一個原本只有豌豆大小的縫隙。此一不正常的囊腫已在腦中製造出危險的壓力。兩天後，蘇珊動了手術，成功地取出了囊腫，偏頭痛消失了。手術之後，他們告訴蘇珊，這樣大的囊腫原本可能讓她活不了多久，這次手術來得正是時候。

巫師是精通追蹤的大師。我記得曾經在亞馬遜雨林和兩名巫師旅行了數天。那天早上，我們決定步行到鄰近的一條小河，那兒有一處河岸土壤肥沃，生長著許多鳳梨。猴子們都知道這個地方，當鳳梨成熟時，牠們就會從樹上爬下來飽餐一頓。當然，美洲豹也知道這個地方，因此常在黃昏時刻聚集，等待時機接近猴子，那可是牠們最美味的食物。我們對觀看美洲豹充滿了興趣，不過也知道，就算錯過了，至少可以加入猴子的隊伍搶奪鳳梨。我們沿著一條小徑前行，地上鋪著厚厚一層深紅的落葉，此時巫師之一停住腳步，指著地面低聲道：「是美洲豹的足印」。我彎下身，眼中所見不過是四吋厚的潮溼落葉和赭紅色的泥土。另一位巫師沈默地點頭，抬手指向約二十呎遠方的一棵樹，驚呼：「美洲豹的毛」。我們走向那棵樹，發現樹幹上一個被砍凹的隙縫裡黏著兩根獸毛，看來，某種大型的貓曾經在此搔抓。我原本看不到任何異樣，直到女巫師從樹上扯出兩根獸毛；那棵樹著實跟森林裡其他數百棵樹沒什麼兩樣。

那天我們並未看到美洲豹，猴子也很快結束摘鳳梨的動作，但是對於追蹤這件事，我確實學到了重要的兩課。首先，追蹤者必須完全心無旁騖。當你在尋找美洲豹時，絕不能分心想其他事，如此，兩根美洲豹的毛髮才會像一塊玻璃反射出沙漠中的太陽般突出。其次，追蹤是超越時間和空間的；我們所追蹤的事件其實是好幾天前發生的事，當人們才要著手開始時，那些足印卻已經有四天之久。譬如我們在森林裡尾隨牠的蹤跡，找到牠留下毛髮的地方，又在一處潮溼的河岸看到牠的足印，以及牠偶然停下休息之處。第一天，我們蒐集到美洲豹前三天在森林裡閒晃的足跡，每一次的發現，在時間上都比上一次的更接近，也更清晰指出牠的行蹤。第二天，我們終於看到牠巨碩的身影，牠正在河邊漫步，用嘴理著毛髮，全心全意地舔著牠的前腳，但一聞到我們的氣味，便迅速躍入空中，像霧一樣消失在叢林深處。

同樣的，觀看者也依此原理學習到如何跨越時間，追蹤疾病和沮喪情緒的緣由，發現到是何事件造成受治療者的疾病和噩運。接下來的技巧可以讓你追蹤到受治療者傷口的來源，即引發某一特定疾病的源頭。此一傷口可能是最近的事件，也可能是兒時的創傷，甚至是前世的經驗。觀看者跨越時間到達事件發生的起源處，我的老師稱此為「找到病人受傷的臉」，我則是透過找尋自己受傷的臉，最終學會了這個技巧。

當我第一次做此練習時，我很肯定所看到的臉是我潛在的人格，是存在體內各個不同面向的我，我不相信這些臉是一百年前或一千年前的我。但是經過數年的練習後，我下了一個結論，它們之間的差別其實是語意學的問題大過現實。的確，沒有任何確切的證據證明人們都有前世，而這個練習也不構成證明，但是，不管這些故事究竟來自今世或前世，事實卻是，它們都存在我的體內；較之我兒時的故事，它們不比之眞實，也不比之虛假。不論其起始為何，當中都隱藏了療癒的力量。此一追蹤需要相當程度的訓練和練習，不過我的學生裡有百分之九十的人在課程尾聲都學會了。

追蹤前世的臉

安東尼歐教我如何運用自我的意志來追蹤。當你在森林深處追蹤一隻美洲豹的足印時，必須把其他事都排除在知覺之外，即便看見朱紅色和黃色的鸚鵡羽毛，你也未加注意，因為你的心只放在美洲豹身上，其他事都退到背景裡。鸚鵡的歌聲和猴子的嗥叫都不重要，只有豹子的咆哮才引起你的興趣。當你在追蹤自己或病人的原始傷口時，它是唯一向你召喚的臉，在追蹤的一開始，把意念清楚地鎖定，而讓大靈去照顧其餘細節。先前總會出現許多不停變幻的臉，之後你會發現，有一個臉不斷的出現，且形狀不變，那就是你所要尋找的臉。一旦它出現，便會向你透露它的故事。

在一個昏暗的房間裡，坐在鏡子前方三呎的地方，在身旁桌上放一支小蠟燭，注意蠟燭必須在身側，而不是你的前方。

雙手合十作祈禱的姿勢，運用第二注意力轉動眼球的練習，專注於呼吸。當你完全放鬆，輕鬆地看你的左眼，切勿刻意瞪視。數自己的呼吸，直到第十下，然後再從一開始數，注意光和影在你臉上的變化，仍然專心看著左眼。

此一追蹤過程有四個階段。第一階段，注意你臉部的形貌，就如一直以來所看到的。每一事物正是它所呈現的那樣。這是一張你已在鏡中看過千遍的臉。

第二階段約在數分鐘之後開始。你的臉逐漸變形，變成各種各樣的相貌，你可能看見動物的臉印在原來的臉上，或者你的臉整個消失了，只剩下眼睛。一切事物都不僅僅是它所呈現的那樣。靜靜地與那變化在一起，專注於自己的呼吸。別驚慌於所看到的事，只要記住每一次出現的臉貌，不作判斷，也不作推演，其中一些可能是數萬年前的事，有一些可能是前幾世，另有一些是具有強大力量的動物，它是我們在自然界中的嚮導和盟友，還有的是我們的精神導師。

在第三階段裡，某一單一的臉出現了，變成眾多變相共通的主題。在這裡，一切事物就如它所應呈現的那般。這正是你所追蹤的那張臉。你已注意到每一張變化的臉，直到認出那張自始至終未曾變化的臉貌。當那影像出現，允許他來告訴你，藉著專注於呼吸來維持那影像，仍舊放鬆地看著左眼。讓他向你透露他的故事，他是誰？從哪裡來？他要你做什麼？發光能量場中載有你所有前世的記憶，包括受傷時候的你。通常那是某一個前世，你在當中經驗到巨大的苦痛或者死於一場猛烈的意外。更有可能的是，他是我們過去的臉，或者自己今世將成為的面貌。

第四階段，所有影像消失了，甚至自己的臉也一齊消失。在此一階段裡，你將看見現實的發光本質（我稱此為「熄滅」的階段，因為一切消失了），只剩下靈和光。

追蹤過程的尾聲，再度將雙手合十，閉上眼作數個深呼吸。

當我跟著安東尼歐學習此一技巧時，他要我和一名我很不喜歡的同學一起做。這是一個十二人的團體，是安東尼歐從一大群想向他學習的人中所挑選出來施以訓練的。卡洛斯是一個可信賴的人，這是我願意用生命擔保的事。我們曾一同在高山和雨林中探險，但我拒絕與他共進晚餐，我發現他過度迷信宗教，精神上非常陳腐，一旦事情不順他的意，就很容易生氣，變得極爲幼稚。我明白自己對他充滿批評，但實在是不由自主。這種不喜歡是互相的，我們儘量避開彼此，現在安東尼歐卻要我們在一塊練習，互相凝視對方的眼睛。在第一階段裡，我看見他的黑色眼珠和印第安人特有的輪廓，並隱隱約約瞥見身後的落日和山巒的線條。他年約三十五，有一頭烏黑醒目的過肩長髮。

第二階段，他的臉開始變化了。我看見他的鼻子變成椋，眼睛往後退縮到眼窩裡，在我的眼前，他變成一隻美麗的老鷹。當我進入第三階段，他的臉突然變成了六歲小孩的臉，淚流滿面，正渴盼母親的安慰，但是她生了重病。他彷佛極爲失落，而且相信他的母親可能再也不會回家。他看起來極度傷心，我想伸出手去安慰他。

第四階段，我讓影像散去，融入純白的能量中。我的夥伴消失了，只剩下身後落日的幾道光芒。安東尼歐先前解釋，最後的階段是非常必要的，而且是最困難的階段，我們須學著別把影像往現實裡套，尤其在與病人一起追蹤未來的可能性時，這個原則特別重要；你絕不會想讓病人的命運鎖在某一影像裡。當你讓影像溶解，等於是將它交給大靈的偉大意志去決定。

要讓眼前這絕望小男孩的影像散去，的確非常困難，我無論如何都無法將它從心頭移去，只能不斷地專注於呼吸，讓影像所帶來的強烈情緒自然遠去。練習的尾聲，卡洛斯和我坐起來，給彼此一個溫暖的擁抱，我們從不曾這麼做。我告訴他所看見的影像，以及我多麼同情他，然後問他六歲時他的母親發生什麼事。卡洛斯很少談及自己，並且我們從來就刻意閃避，所以根本不知彼此的故事。他告訴我，他母親在他一歲時就死了，是因為生他的妹妹時難產而死，因此對於我所說的，他完全無法聯想。課程最後，安東尼歐向我們解釋，我們在對方臉上看到的影像其實是自己的故事。這使我相當驚訝，我回家問母親，才發現原來她在我六歲大的時候，進出醫院長達一年之久。

在嘗試與病人進行此一練習之前，必須確定自己已接受了發光治療術的充分訓練，特別是，必須完成本章中所談到以心之眼來觀看的練習。暫時先用此追蹤術來發掘自我的各個面向，熟悉自己身上攜帶的各個面向，如此一旦任何影像出現在受治療者身上時，你便認得出那是自我的投射。時常，他人會成為自己的一面鏡子，迫使自己明瞭那些我們一直不願承認而隱藏的心理特質。榮格稱此不願承認的部分為影子。記得當湖水靜止時，它會眞實反映出樹木、天空和周遭一切景物，但只要微風輕吹，湖面上就會泛起細微的漣漪，湖面便不再反映任何景物，除了它自己。爲了能客觀清晰地看見別人，你必須先練就一身靜止的功夫；一點點發自理性的判斷或解釋，就如輕掃的微風，會激起漣漪，粉碎了第二覺知，將我們送回尋常的知覺裡。

追蹤療癒的自我

此一技巧亦可用於追蹤個人的未來，接近自己最終的命運，在那兒，你療癒了、過著充滿創造性而滿足的生活。只要把意念放在追蹤可能的未來上，而不是過去。每個人都擁有無數的未來。想像你的生命如一束強韌的光之線，從現在伸向過去，又從現在延伸到未來。每一條線束代表一個可能的命運，在某一選擇裡，你可以過著長壽而健康的生活，但是這只在你依循特定的計畫，譬如搬到某一城鎭、接受某個工作或職位、或在生活形態上做出改變，才可能發生。另一條線則可能引領你走向較不幸的命運。

物理學家韋納·海森柏格（Werner Heisenberg）發展出一個量子力學的關鍵原則：在電子的速率和位置兩者之間，你只能正確的決定其中一項，而非兩者。海森柏格的這個不確定原則，闡明了陳述事件的行爲會影響其結果或命運，他的發現似乎也指出，一旦能量已化為具體，要再透過夢想改變現實世界，其可能性是微乎其微的。改變現實世界的時間點需在無形化為有形之前、在能量具顯為物質之前。如此，巫師所發展出的許多治療方法，必須早一步在體內疾病顯現之前就先進行；也就是在發光能量場的古老印記，尚未把身體組織轉成疾病和噩運之前，就要及早治療，以使其消弭無形。

有些觀看者能夠協助其病患選擇一條療癒勝算較大的命運。每當我遇到健康狀況已經診斷爲無藥可救的病人時，都會試著為他找尋一條替代的未來，一條療癒力較強的路，雖然不見得可能，但卻仍不違反生物學和物理學的原則。一旦見到療癒的跡象，便可順勢使力，再把勝算往療癒的方向扳拉，如果這樣的狀況被認可，通向治療的旅程便開始了。史提夫的故事足以幫我解釋這個觀點。

史提夫是史丹福大學線性加速的物理學者，有一次他來找我。他和同事正分析一筆資料，以獲知宇宙中是否存在足夠的物質，以使它繼續朝無窮擴大，或者星球之間的引力將大到使宇宙本身崩塌。他從百忙的研究工作抽身，和我一同前往西南部探險。我們在亞歷桑納州的雀利峽谷（Canyon de Chelly）紮營，那地方如今屬於納瓦荷族自治區（Navajo nation）。峽谷的原住民直到西元一千二百年都還住在高踞沙漠地表之上的峭壁岩窟中。那天晚上，在抵達峽谷紮營的地點後，我提醒隊伍，必須對沿峭壁分布的「阿納薩齊」（Anasazi）埋葬場心懷虔敬。由於這個地方已歷經幾個世紀日曬雨淋，使得若干墳墓露出地表，某些地方還看得見陶器碎片和骨骸散落在貧瘠不毛的沙地上。連如今的居住者——納瓦荷印第安人，都不敢冒險接近那個地點，他們相信噩運將降臨在任何打擾那古老墳場的人身上。

在我打理營帳時，我聽到史提夫和團裡的幾名成員開玩笑，誇張說著哈姆雷特裡「啊，可憐的尤里克」那段。他手裡捧著一顆頭顱，我趕緊跑過去，要他把頭顱放回原來的地方。我們的納瓦荷嚮導被史提夫怪異的舉止嚇呆了，建議他將頭骨歸還時唸上一段祈禱，並要我們立即離開那裡。

兩個月後，我接到史提夫的電話，我問他：「研究做得如何？」電話那頭捎來好消息，宇宙看來會永遠存在。

「那你好嗎？」對史提夫而言，這答案就不太樂觀了，他前幾天被診斷出患了一種獨特的淋巴癌。史丹福大學的醫療中心告訴他，他可能活不了四個月。

他認爲一定是那顆阿納薩齊的頭顱害他罹患了癌症，雖然事實上，他可能在探險之前數個月就染上癌細胞，然而我們仍對此事的同時性覺得納悶。無論如何，兩者之間是否確有關連已不重要，重要的是，史提夫認爲這兩者必有關連。理解此一關聯性將成爲他療程的一部分。我們立即展開工作，在他接受化療的全程亦不斷嘗試。四個月後，史提夫的癌細胞獲得控制，大異於其原先的診斷，他還活著，這意謂他可以活得更長一些是有可能的了。它被認可了，非常不可能中的可能。

我們嘗試追蹤，找尋他療癒後的臉。我們使用追蹤術，但稍加改變，用一個更有趣的方式進行。這一次我不爲史提夫追蹤，只是靜靜坐在他對面。史提夫已經和我做了好幾次，非常熟悉這個過程。我要他把我當成一面鏡子，我們都知道他必須自己去尋找那個療癒的自我。沒人治得了你，只有自己才做得到。我所能提供的只是一張地圖，但又知地圖並不代表全部的領域，他必須自己去探索自己的地域。每一次見面，便進行追蹤。每一次追蹤末了，我都爲他做光啓儀式，清除他所找到的每一個受傷的臉。我的客觀和靜止如同調音的音叉，如此他不致被看到的美麗或可怕影像迷惑。大部分所出現的臉都是他的過去——痛苦的、創傷的、歡樂的、失落的。他有兩個年輕的女兒，而他自己才剛遇見了他所認爲的靈魂伴侶，明年夏天他們就要結婚了。

史提夫終於發現了自己的靜止；他的湖水平靜了，反照出他療癒的自我。直到有一天，我竟從他眼睛裡看到自己，於是我明白，史提夫已經找到所要找的東西了。過程末尾，我們不禁感動落淚，彼此相擁。我問他看見什麼，他說他看到一切，我要他解釋得更明白，他重複地說：「一切，就是一切和我自己。」

當史提夫發現療癒的自我，便是找到了自己原來的面目、他的根本本質。那個夏天，我為這對幸運的伴侶證婚。史提夫後來又活了八年，那是他人生中最重要的八年。他過世的前一年，寄了一條項鍊給我，上面刻著一隻虎鯨（殺人鯨），類似愛斯基摩人所刻的圖騰。隨項鍊寄來的小紙片上寫著，他之所以選擇殺人鯨，是因為雖然牠們被認為是殺人鯨，卻是海裡最溫柔的動物。牠們測量海水的深度，就如他先前探索自己靈魂的深度。虎鯨從一切靠近牠的生物身上蒐集日光，他的癌細胞也是，但事實卻是，它給了他生命的禮物。

只有極少數的巫師最終獲得了追蹤他人命運的智慧和技巧，只有當自己認清自我的根本本質，追蹤到自己的本來面目，方能用全然的同情和絕對的豁達協助他人，這正是進行此一追蹤所必要的。生命裡的一切事物，都將在時間之流裡留下軌跡。

第6章 神聖空間

祝禱詞

給南方的風——

偉大的蛇，

將你的光為我們盤繞，

教我們褪下過去，如你蛻去陳舊的皮，

教我們輕巧地在土地上行走；

教我們美妙的方式。

給西方的風——
　美洲豹母親，
保衛我們療癒的園地。
教我們以平和的方式，生活得無懈可擊，
為我們顯示死後的道路。

給北方的風——
　蜂鳥、祖母和祖父，
所有古老的
來到我們營火邊熾暖雙手，
在風中向我們低語。
我們要將榮耀獻給在我們之前到來的你，
而你又將在我們和子子孫孫之後來到。

給東方的風——

偉大的鷹、兀鷹，
從太陽升起的地方來到這裡。
將我們庇護在你的羽翼下，
為我們顯示原本只能在夢中想見的壯麗山巒，
教我們與偉大的靈並肩飛翔。

大地之母——
我們在此相聚，為著療癒你所有的子孫：
那石頭、那植物，
四隻腳的、兩隻腳的、爬行的，
披著鱗片、毛皮和羽毛的，
所有的親族。

太陽之父、月亮的祖母、星辰的國度——
偉大的靈，那被千千萬萬的名字所呼喚的，

而你卻不可以名諱呼喚。
感謝你帶我們來此處，
讓我們歡唱生命之歌。

——創造神聖空間的祝禱詞

巫師在開始療癒的儀式前，會先行敞開內在的神聖空間，在這空間內，我們拋開尋常生活的瑣事——喧鬧不止的會面、行程表等等，準備與神聖接觸。神聖空間使我們進入內在安靜的世界，在那裡，療癒即將發生，在此處，俗事不能使人分心，每一個行爲都是神聖、深思熟慮的。然而神聖空間既不嚴肅也不沈重，巫師嚴肅地看待他的工作，但絕不把自己看得嚴肅，療癒儀式中總是充滿笑聲和遊戲。

在神聖空間內，我們經驗到自己的輕盈，笑聲和淚水盈滿。艾倫．華茲（Alan Watts）說過，天使之所以能飛，是因爲他把自己看得非常輕。在神聖空間裡，包袱變輕了，感覺被偉大的靈輕觸。結束治療後，需再度向四方和天地致意，然後關閉神聖的空間，所以當巫師完成療癒，會釋出先前召喚的原型能量，使其再度匯入自然之中。

神聖空間是純潔、神聖、安全的療癒之地，我將它想像成一個圓罩，覆蓋在療癒進行的地方，閃爍著光芒。每個置身在此的人都受到保護，能夠釋放他的痛苦和感傷，經驗到伴隨療癒而來的喜悅。人們心中的恐懼和痛苦，多半源自於覺得這個世界不安全；當世界充斥著危險和掠奪，我們很自然提高心中的防衛，心裡面穿上盔甲。神聖空間製造出一個使我們放下防衛、轉向自我的環境，探索內心深處柔和的部分。神聖空間還爲我們指引出一條道路，接近發光之靈，即在大靈世界默默提供協助的男女巫師。

我們很早便聽旁人說：神聖存在於寺廟、教堂，或大自然中某個美麗之處。是否教堂的四面牆製造出神聖空間？難道是在那裡被經年累月吟誦的祈禱詞？多少祈禱才能使空間變得神聖？或許一個發自內心的由衷祈禱就已足夠。你可以在地球上任一處創造神聖空間，向自然界召喚療癒力量，在本章一開始，我便使用了這類的祈禱。

我並非向任何人學來此一祈禱的內容，雖然當中包含若干特定元素，譬如四個方位和美洲原住民信仰之中共通的原型獸物，牠們既新奇又古老，當你的祈禱由衷而發時，就可以沿用。即便需要一些特定的元素才能創造出神聖空間，你仍舊可把個人想要表達的期盼帶進來。注意你的禱詞須根源於空間方位，召喚四方與上下，六個方位加上中間的巫師，代表了構成宇宙的七個原則。蛇代表繫連的原則；美洲豹代表更新的力量；蜂鳥代表如史詩般進化和成長的旅程；鷹和兀鷹則是自我超越原則；天是創造的力量；地是接納的力量。當你召喚祂們，便是讓自己與灌注萬物生命的力量在一起。

巫師與靈之間有著神聖誓盟，當他召喚，靈即回應。在大靈世界裡，具備強大力量的巫師會以發光靈體的形式出現，在療癒過程中提供協助。在現實世界裡，我們利用天空的四個方位基點來找到相對位置。想看北極熊，我們須旅行至北方；想避冬，須向南行；或者往東或往西探看世界。然而對巫師而言，這些方位皆具有個別的特質和能量。假使我們可以把能量的移動想像成晚間氣象播報所說的，某氣流將從某一範圍攜帶溼氣到某一處，就可明瞭能量如何在空間之中移動。

每一方位的特質皆透過一種原型獸物來表示，這些動物不單單是象徵，而是原始的能量和靈魂。每一原型皆具有其生命和力量。代表四個方位的原型獸類，則依美洲各地不同的族群文化而有異，例如，在印加人的文化裡，蜂鳥代表北方，但某些北美洲原住民則以水牛來表示。雖然所代表之物因文化而異，其能量的特質卻不變，因爲象徵的是同一個宇宙構成原則。重點不在於如何稱呼這些能量，或用哪一原型獸物來象徵，而在於確實認識牠們，如此一旦召喚牠們，牠們才會立即回應。召喚發自內心，所發出的聲音即是愛，靈於是回應。當我們在神聖空間內召喚，宇宙將與我們站在一起。

芝加哥的亞歷山大神父來到我們學校註冊上課，我因而結識他。兩年後，原教區的主教傳喚他回去接任教會的主持工作，因爲先前的院長生病了。那所教會已進行一項大規模的修復工作好一段時間，屋頂漏了，彩繪玻璃也需要翻修，不幸的是，教區基金已經用罄，而且教會的會眾愈來愈少，教堂外又欠缺停車的空間，使得年長的教友必須在大雪紛飛的冬季徒步走到教堂，讓情形變得更棘手。

數天之後，亞歷山大神父回到岡位，他趁教堂空無一人時，在主祭壇上敞開神聖空間，呼喚四方及天地，他自覺自己正身處無以爲繼的困境之中，如同一個船長被派任拯救下沈的船艦，他願不顧一切地嘗試可能的辦法。他決定讓神聖空間敞開一個月，試試此舉是否能帶來改變。接下來的那個禮拜，他與教會同僚前往探看教堂的每一個廳室，來到一扇動也不動的門前。他們請來一個木匠，把整扇門敲開移走，發現那被封住的走道竟是通往鐘樓。鐘樓約有半個籃球場大，但令人失望的是，地板上足足被蝙蝠的排泄物塡滿有六呎之深，單單糞便的重量就已令鐘樓搖搖欲墜，事態似乎愈形沈重。

亞歷山大神父回到主祭壇，再度打開神聖空間，同時請專家處置鐘樓裡堆積數十年的排泄物，那名專家檢視了如山的糞堆後，告訴亞歷山大神父，他最多可以出四萬美金買下糞堆。神父失望地搖搖頭，那人覺得很疑惑，繼續解釋他願意出四萬美金買下那一山的糞便。據了解，蝙蝠的糞便是最佳的肥料，且如此大量的糞肥是非常罕見而稀有的。神父開心極了，他們終於能在冬天之前將屋頂修復，幾天之後，他們又說服市政府在星期天開放對街警察局的停車場，讓上教堂禮拜的民眾可以停車。亞歷山大神父在芝加哥總主教區變得炙手可熱，時常被定期邀請前往協助遭遇困難的教會。每一次抵達一個新教會，他便首先在主祭壇上敞開神聖空間，他深信一旦這麼做，大靈便會接受他的邀請來助他一臂之力。

在神聖空間之內，我們往往能獲得來自靈的超凡協助。

力量無窮的獸物原型

每一原型獸物都會發散出與眾不同的能量。在南方，蛇象徵知識、性和療癒，或許因為蛇是宇宙間最普遍的原型，因此總是代表自然的療癒力。巫師的權杖，甚至希臘神話中荷米斯權杖的杖頂上，便有雙蛇盤繞。當摩西引領以色列人橫度沙漠時，亦攜帶一支有著蛇圖紋的權杖。西方的神話裡，蛇帶給人類知識之樹的果實；在東方，蜷曲的蛇代表亢達里尼能量。

蛇象徵與母性的初始連結，因此是繁殖力與性的代表。蛇在本質上並不代表性，這是非常普遍的誤解，反而象徵根本的生命力，持續不斷尋求連結與創造。如果你還記得，身體每個細胞都在不斷分裂和繁殖，在自然界中，生產力是宇宙間創造的原則，我們可以透過向南方召喚蛇的原型，來呼喚此一創造的原則。當我為一名能量耗盡、失去生命熱情的病患治療時，便著手將她與南方的能量連結起來，在蛇的靈伴隨之下，送她回家。我很明白，如此可以使她重燃對生命的渴望。

西方的代表獸物是美洲豹，牠為雨林中的生命帶來更新和轉化。蛇所象徵的療癒力是緩慢漸進的，但美洲豹卻意謂生與死的突然轉變，這在我們聽來似乎有些奇異，這種宇宙間轉化的力量竟與死亡相關，但對古老的美洲族民，此兩種能量不過是一體兩面。凡能在時空內恆久存在之物必經歷自身不斷的改變和更新，反倒是一成不變的必定走向衰亡。他們深知穩固不移的狀態只是暫時性，因為宇宙間一切事物皆不斷流動。北美洲的巫師往往會有所節制地放把火燒掉一些矮樹叢，以釋放美洲豹所象徵的力量，如此可以避免突如其來的閃電導致大火，而吞噬整座叢林。他們明白，混沌和秩序、擴張與退縮，不過都是生命的自然循環。

人們生病，不僅因之得到重獲健康的機會，還得到往更高層次健康大跳躍的機會。治療不但是爲了去除症狀的手段，也是爲了成就更高的身體健全的狀態。很多與我工作的六、七十歲的病患告訴我，他們這輩子從來沒覺得這麼好過，這正是美洲豹的能量。

一個穩固的狀態是不容易被改變的，人們一般都是在事情每下愈況時才尋求改變，而非在順境中改變，因此危機才會成爲轉機。我們可以透過具現美洲豹所代表的力量，來改變身體，使它療癒得更快、以更優雅的方式變老。我從小就相信，人如同貓一樣有九條命，當我們到達其中一條命運的終點（有些人稱其爲生命中的階段），好好埋葬過去的自我是非常重要的，然後如美洲豹般縱身一躍，向未來邁進，否則我們很可能會花上數年的時間，只爲了修補那已經過去的自我。

美洲豹是雨林的服事者，也是死亡通道上的守衛，牠協助將死者在生死簿上除籍，好讓新者出生。颶風體現了美洲豹狂驟的力量，而規律的蜂房及螞蟻隊式的精細與美，則展現了美洲豹完美秩序的力量。美洲豹的能量同時體現在村莊、組織和個體的層次上。有時，一樁婚姻必須解除，以維持族人的生存和健全；有時，村落必須被棄置，好讓族人在不同的地點上繁盛。整個美洲大陸上遍布著被遺棄村落的考古證據，而人們皆找不到足以讓他們遺棄的明顯理由。他們此舉是爲了順應自然界混沌與秩序生生不息循環的本質。美國西南方的阿納薩齊人、馬雅人、印加人，每隔一般時間就會離棄家園，在別處建立新的村落。

幾年前，一把野火失控燃燒了位在高山上馬丘比丘附近的叢林，消防員和火勢對抗了數天。火苗大肆流竄，從山脊的一側蔓延到另一側，吞噬了數萬英畝的森林。正值旱季，安地斯山的這一側連年未雨。由於大火離馬丘比丘僅不到數百碼距離，一名女巫抵達了現場，在遺址上進行一項儀式。每個人都參與了儀式，包括考古學者。當火進入這座印加的光之城，天空突然變得陰暗起來，大雨落下，撲滅了火勢。巫師宣稱，那是雨林本身的靈以美洲豹的形式回應了她的召喚，帶來雨量。我相信她的儀式為土地帶來了平衡，雨於焉降臨。

峇里島有這麼一則傳說，說有個村莊六年未雨，沒有一個巫師能夠將雨帶回來——因為過於深陷地方的模式，而無法對它發揮影響。土地焦灼乾枯，村民早已厭倦倚賴鄰村的施捨。一名住在離村莊兩座山之遙的巫師被請來協助，當她抵達後，即刻發現了周圍的災難。她請村民讓出一間茅屋，以便她齋戒冥想。第三天，她步出茅屋，天空開始密布烏雲，轟隆的雷聲響徹山谷，不出幾秒，大雨傾盆落下，所有村民皆喜出望外地走出屋外，在雨中手舞足蹈。當族中長老詢問女巫做了什麼，她回答：「我方才到達時，發現你的村莊嚴重失衡，使得我也跟著失衡，這就是爲何我必須進到屋裡齋戒和祈禱，當我回歸平衡，你的村莊也平衡了，雨於是落下。」

當我爲面臨危機的病患治療時，他可能覺得自己的人生已無法修復，我便差遣美洲豹送他回家。受治療者往往以爲那只是個隱喻，然而我深知，美洲豹所象徵的生死原則，將協助其體內必須死亡的部分逕行死亡，同時重獲新的希望，並爲混沌帶來新的平衡。美洲豹的能量可能包含癌細胞擴散的混沌狀態，也可能是一把延燒森林的大火，它所象徵的精神可以被召喚來協助將死之人在混亂中找到平靜，引導他走回靈的世界。

叢林部落也尊崇美洲豹，因爲牠可以轉換發光能量場中沈滯的能量。傳說當美洲豹進入儀式之中，牠會將憤怒、恐懼、悲傷等負面情緒吞噬殆盡。美洲豹是靈魂的清道夫，能把濃稠沈重的能量變得輕巧。身爲一切生命的守衛者，美洲豹會保衛儀式進行的地點，以防止負面能量侵入治療的循環。當受治療者需要心靈和精神的保護，我便會將他與美洲豹的能量連結，受治療者往往回報以在夢中看見一隻具有療癒力的大貓。爲了運用此一能量療癒自我或爲生命帶來平衡，我們必須先熟悉美洲豹所具備的精神。

北方則以蜂鳥爲代表，蜂鳥象徵踏上心靈的史詩之旅所需要的勇氣。蜂鳥每年都會在大西洋上遷徙，從巴西遨翔至加拿大。乍看之下，牠似乎不適合橫跨大西洋的長途飛行，牠既沒有鷹般的寬大羽翼，細小身軀也儲藏不了足夠的食糧，然而牠卻能回應大靈的召喚，往赴這史詩般的飛行旅程。牠每年皆回應此一召喚，就如鮭魚上溯出生之地產卵一般。當我的案主也正踏上史詩般的生命旅程時，我便將他連接上蜂鳥的能量，這不僅僅隱含著對旅程的鼓舞，也是與此自然原則的能量連結。一旦被此原型能量觸碰，我們便被驅策往旅途邁進，它最終將引領我們回到源頭之處，即我們的靈孵化之處。在那繁花盛開的大靈之地，我們將可盡情啜飲生命的甘露。

北方的能量能協助我們突破萬難，踏上偉大的旅程；當時間、金錢、知識皆不足以應付你的所有冒險，蜂鳥將提供你勇氣和指引你走向成功。

考古學家如今已知，第一批美洲人是在數萬年前跨越了白令海峽間的陸橋而來，他們首先到達阿拉斯加，接著向下遷徙至今日爲加拿大和美國的領土，是什麼力量驅使早期的美洲住民跨過封凍的冰棚，來到新的世界？而又爲何，經過大遷徙後，他們不就此停留在森林繁茂、獵物豐美的北美洲，而要繼續往赴艱難的旅程，跨過北墨西哥不毛的沙漠，在美洲大陸其餘地方落腳繁衍？凡是具有生命者，天生就愛探索和發現，此一本能潛藏在我們每個人身上。一旦拒絕蜂鳥的召喚，我們便開始衰亡，一旦滿足於安逸，不再探索，或不去回應靈魂成長的渴望，我們便開始凋萎。當我們喚醒內在強烈的學習和探索本能，生命將漸漸擺脫塵俗繁瑣，變成一首生動的史詩。

以全觀視野俯瞰生命

東方的代表獸物是老鷹和兀鷹，牠帶來視野、洞察和先見。鷹能夠察覺生命的整體，不致陷入細節的泥沼。鷹的能量能協助我們找到生命的指引，兀鷹之眼能透視過去和未來，幫助我們明白自己從何處來，將往哪裡去。當我的案主陷於昔日的創傷而無法自拔時，我會協助她連結上鷹的能量。當此能量灌注於治療的空間，受治療者往往能獲得對生命的新看法和洞見。此一洞見並非指知識上的理解，而是一個召喚，初時模糊，難以聽見，但那未來的機會將不斷向他招手，驅策他走出悲傷，向未來的命運挺進。

我相信每個人都有一個未來，但不是所有人都有命運，擁有命運意謂活出身爲人的一切潛力；你不必成爲出名的政治家或詩人，但你的命運必須被賦予意義和目的。或許你只是個清道夫，但活得很有意義，或許你是某大企業的總裁，但生命卻毫無意義可言。人是可以讓自己活出有意義之生命的，但那確實需要很大的勇氣，否則命運很可能擦身而過，把我們丟在後頭，庸庸碌碌過一輩子，而被那些懂得遊歷心靈道途的人撿了去。鷹的能量得以讓我們上升到凡塵俗事之上鳥瞰，由於俗事占據了大半生活，幾乎耗盡我們的能量和注意力；牠賦予我們一雙羽翼，我們因而能飛升到日常瑣事之上，到達接近天際的山峰。老鷹和兀鷹正代表自然界的自我超越原則。

生物學家已經證實，自我超越原則乃人類進化的主要成因之一，活躍的分子尋求超越自我，而變成細胞，再變成簡單的有機組織，形成細胞組織後，再擴大爲器官，最後發展成複雜的生命體，如人類和鯨魚。每一次超越的跳躍都仍舊包含之前的所有層次：細胞包含了分子，但超越了它們；器官包含了細胞，但又遠遠超越；鯨魚包含了器官，卻不能以眾器官來描述，整體事實上已超越了其部分的總合。

鷹所代表的超越原則正說明了一項道理，即某一層次的問題若要獲得最佳解決，便要往上一步去思考。細胞的問題要以器官來解決，而器官的需要最好以有機體來滿足，如蝴蝶或人類。同樣的道理時時出現在我們的生活周遭。當我們往上一步，情緒需求便自然會在解答之中獲得解決，我們藉著鷹的羽翼上升到生命的困局之上，便能以全觀的視野俯瞰生命。

最後兩個方位：上與下，代表了男性與女性。天上的太陽代表創造的生命力。古時候的民族觀察到，當天際似乎因晝夜和四季輪替而移動，星星本身卻是不動的，每一星座之間總是維持著不變的關係。每年夏至，太陽即從東方的同一個位置升起。在印加傳統裡，所有的祈禱都先向南方發送，因爲南十字星是天際上唯一不動的點，其他的星星則持續不斷旋轉（南半球的人看不到北極星，因此所有相對方位皆以南方爲基準）。上天的力量是不變的，巫師向天召喚來祈求持久和永恆，因爲他深切明瞭，生命是處在變與不變之間的微妙平衡。印加人相信靈魂有三個部分，當人們死亡，靈魂的一部分回歸塵土，由自然界吸收，與萬物合而爲一；另一部分（力量和智慧）回到神聖的山巒；第三部分（不變的部分）則回歸太陽。許多巫師的高階儀式正是要協助人們明白，他們身上有一部分是永恆不朽的，且最終將回歸太陽。

土地代表自然間接納和滋養的原則，它的力量在於保護根部和更新。夏日的落葉將轉換成肥沃的土壤，祖先的軀體將再度被土地吸收，進入生態圈的循環，與樹木、牧草、山巒合一。種子在黑暗、肥沃的土地褶層中發芽，所有生命都源自母體潮溼的子宮，接受其豐富養料的餵哺。四季的更替代表土地性情不定的特質。在創世紀的故事裡，地與天在初始時原爲一體，因此變化者實包含了不變在其中。黑暗的子宮包含了太陽，即使春天抽出的新葉，到了秋天都要回歸土地，如此方能在冬天過後，再度孕育新的生命。

召喚天地的能量，將使我們與生命的自然循環重新連結，但最重要的卻是讓我們再度擁抱母親，她將永遠呵護我們，而父親也永遠不會離棄我們。回到初始母親和父親的懷抱，是治療兒時創傷最強的療癒方法，很多兒時遭到遺棄的人在擁抱了地母和天父這對自然的雙親後，都經歷了非常大的改變。我常常幫助人們連結上天地的能量，不管他們最初來找我的原因和問題爲何。一旦向土地致意，我們便認同了與其他生命形式的關係，從樹木、魚兒、飛鳥到石頭。與上天打過招呼後，我們認識了星辰的兄弟姊妹，然後將療癒的努力獻給偉大的靈，偉大的造物主。

敞開四方神聖空間

運用本章開頭的祝禱詞來敞開神聖空間。你可以點燃一隻鼠尾草做薰香，或灑一些香精水。美洲的巫師在祈禱時，都會朝適當的方向，用羽毛煽一煽鼠尾草或其他薰香、灑幾滴沾了香氣的水，或雙手向天際的四個方位祈禱朝拜。你必須決定確切的方位點；理想上，你可使用羅盤定位，或者根據地理方位的常識約略估計。

首先面朝南方，將薰香或香水煽或灑向南邊，雙手舉高，手掌朝外，誦讀第一段，召喚蛇的能量。接著在每一個方位重複同樣的動作。向天地祈禱時，觸碰土地，凝望天際。關閉神聖空間時，須謝過蛇、美洲豹、蜂鳥、鷹，釋放出牠們的能量，讓牠們回到土地的四方。若要與其中一個方位的能量連結，先別關上那一方位，召喚那原型進入你體內，在道路上陪伴你（比方說我轉向東方，先不關上東邊的方位，而把它的原型能量吹入受治療者頭頂的脈輪，想像鷹的精神進入他之中，賦予他生命），接著謝過地母和天父。

擴大發光能量場

除了召喚四個方位之外，還有另一個有力的方法可以創造神聖空間，即運用頭頂上第八脈輪的光。當我們擴大這個發光的球體，神聖空間的力量會增強好幾倍。第八脈輪位在發光能量場內、身體之外，是身體上一直與造物者同在的部分。當我們將它如水晶圓罩般擴大，便能確實棲息在裡面，保護自己免於外在物質世界的靜電干擾。

想像第八脈輪如一個小型的發光太陽，位在頭頂上，當人們觸及它的薄膜，或溫或涼各有不同的感受。注意它的脈動和頻率，它是否振動？有沒有固定的節奏？運用想像力，以初升太陽的顏色描繪出球體，想像其表面四射著耀眼的光芒，一波波漣漪輕劃而過，將你浸淫在橙黃的光澤裡。

雙手置於胸前，做祈禱的姿勢。緩緩抬起雙手，仍舊雙手合十，直到它們到達頭頂上方。感覺手指進入第八脈輪的球體中，仔細感覺這旋轉盤如何對你敞開，讓手指進入。非常緩慢地，如孔雀開屏一般，把閃爍球體的周邊往外擴延，手掌朝外，伸展你的手臂，慢慢使它將你包圍。手臂往下劃，直到雙手碰到坐椅，盡情沐浴在第八脈輪的光芒之中。

仔細感覺沐浴在發光場內的自我，覺察充盈而洋溢的安寧和靜止。將注意力放在呼吸上，深深吸氣，緩緩呼出。用清晰的知覺探索發光球體的內部，薄膜的內面感覺如何？我將它想像成一個巨大的肥皂泡泡，帶著色彩的浪潮在其間衝刷，但仍散發自己獨特的光芒，如太陽一般。這正是介於肉身和非肉身之間靈魂的棲處。當你已滿足於此空間的探索，讓伸展的手臂緩緩往上升，如同孔雀闔起羽翼，直到你將發光的脈輪在頭頂上收束起來。感覺它散射的光芒，再度把雙手合十置於胸前，作爲結束。

每當完成練習，記得將神聖空間關閉，並把第八脈輪的發光球體在頭頂上收束好，這點非常重要。將蛇、美洲豹、蜂鳥、鷹的能量釋放出來，然後謝過天地。一旦忘記關閉神聖空間，我們很可能會沾污它，就像污染了清潔的泉水，此後獸物原型將不再降臨，自然之力也不再回應你的召喚。

用最大的虔誠來祈求開啓神聖的空間，並加以維繫，正如維繫一個音符的調子，你的聲音必須眞實而透明，方可維持其純淨的質地。若有機會遇到出類拔萃的巫師或偉大的精神導師，即能感覺他們神聖空間的與眾不同。那充斥其間的能量是純淨的，彷彿有一股磁波。如此的功力需要全神貫注的愛和專注，當然還有練習，方能維繫神聖空間達數分鐘。事實上只要勤加練習，就絲毫不會覺得費力，空間本身自會維持。

第三部

能量治療的工作

在向他人嘗試以下幾章提及的技巧前，請先確定自己已接受發光能量治療術的充分訓練。光啓和袪除過程的技術需要相當程度的精細和專業，而此一專長只能經由特別老師的指導而獲得。光啓的主要作用在將阻塞脈輪的沈滯能量代謝排除，將有毒的殘餘污物燃燒，改寫發光能量場中的疾病印記。

我一向堅持，學生們必須先精通維繫神聖空間的方法，之後才能實際進行光啓的過程。這個道理如同在無菌的檯面上進行手術，一旦你在污染的地方動手術，任何手術技巧都幫不上忙，因爲感染會迅速地侵入，病人的病情將愈形嚴重。同理，神聖空間會創造出一個安全的環境，任何有毒的能量皆無法滲透。我讓學生們明白，一旦神聖空間崩毀，所危及的將是自己和病人，你必須透過意念的專注來維繫神聖空間，這就是爲何練習靜坐冥想或瑜伽如此有幫助。

靜坐者學習排除雜念，專注於意識。數年前有一項研究，修禪的靜坐者能夠不受干擾地維持阿爾法波（alpha）的狀態（即腦波維持在每秒中八個循環），一旦有巨大的聲響打破寧靜，冥想的狀態隨即被干擾，但數秒之後，便又能回復阿爾法狀態。若換成是未修練的一般人，一旦被雜音分神，得要數分鐘之後才能恢復平靜。

袪除療程可以移除深埋在案主身上的負面能量。此一技巧需要非常細微的動覺，對於已練就第二覺知，即巫師之眼的治療者而言，此舉亦非常有幫助。這個過程同樣能袪除入侵病患身體的外來能量和靈體。我發現許多人對於此種外來能量的想法非常排斥，他們認爲，不可見的世界裡只存在仁慈的發光靈體。我往往鼓勵學生，不要讓先入爲主的偏見干擾他們的經驗。明白這世界存在著可能影響我們的不良能量和靈體，的確是讓人震驚，但若明瞭自己有能力協助治療遭此折磨的人，又將使你如釋重負。我已發現，袪除療程往往能一次解決多年的心理治療所不能解決的問題。

人們並非要成爲巫師之後才准許進行死亡儀式，我由衷希望你永遠不需做這些儀式，然而事實卻是，多數人都會面臨陪伴摯愛的親人走過死亡、回歸靈魂世界的這一刻。現在練習這些儀式，可以培養出一種關照的能力。協助自己的父母度過最後關頭，是每一個人對於引領我們來到人世的雙親所能給與的最珍貴禮物。

第7章　光啓治療

齋戒的第三天，我穿梭在林下低矮的草叢數個小時，誤打誤撞發現一個洞穴。天空開始飄雨，我看見一塊突出的岩石，心想總該可以避避雨吧。安東尼歐要我繞到馬丘比丘遺址的後方尋找月神廟，「小心蛇啊！」他說著，向我道再見，唇上掛著微笑，有時候我簡直不懂他的幽默。到目前為止，我還沒遇上一條蛇，不過在草叢裡爬來爬去，皮膚上倒多了不少刮傷和瘀青。在這裡，找不到任何路徑，只模模糊糊看見類似花崗岩的石階，和看似已頹圮的祭壇。

洞穴如一輛小學交通車般大，布滿令人驚異的印加石刻。牆上鑿切許許多多壁龕；洞穴的最尾端，兩面牆呈狹角相交，石匠鑿切的三角形石塊愈來愈小，彼此天衣無縫的接合，全然不用灰泥，頂上最小的一塊不過一個火柴盒大小。洞穴內到處長滿青苔，但卻是乾燥的。

安東尼歐曾經作了個比喻，他說我是除草者，而他是園丁，他批評我老是在治療錯誤，不斷挖掘自己身上像雜草一樣的傷口。他說，我的靈魂花園裡長不出漂亮的花，因為我不知如何灌溉靈魂的種子，不知如何塑造自己的未來。所以他派我來到這個洞穴，探求一下我的夢想和未來，並且齋戒五日。最後兩天，我清除了洞內的雜草，最終證明我做得真不賴。那地上如今很乾淨，黝黑肥沃的土壤密密實實。

今天早上，我把塞在背包底下的巧克力丟了：撕開外層的錫箔包裝，塞進口袋，然後把巧克力丟進草叢。最後兩天，我心裡面想的只有那塊巧克力。

安東尼歐是對的，我是個除草者，而我的生活就是叢林，錯綜糾纏，雜草叢生。在那裡，任何東西都可能長出來，有時是一些罕見的植物，大部分則是一些藤蔓，把我牢牢地纏在裡面。為了清除底下的雜草，我已耗盡所有的能量，又怎能有多餘的精力去栽種結實纍纍的果樹和曼妙的花——未來我所希望能陪伴我的東西？

——手札

西方的神話故事總是談及，人類置身於掠奪的宇宙，總是被壞心眼的微生物和飢餓的美洲豹所覬覦。然而巫師卻認爲我們身處在善良的宇宙，只有在我們失去平衡時，周遭的世界才變得具掠奪性。今天的世界是失衡了，而光啓過程可以引導人們回歸平衡，到達印加巫師所稱的「阿伊尼」（ayni）境界，即與美洲豹、微生物、其他眾生維持適當而和諧關係的境界，如此，宇宙將再度依照我們的利益運作。

光啓過程以三種方式達到治療的效果：首先，燃燒黏附在脈輪壁上的穢物殘渣，以增長壽命，及強化免疫系統的反應；第二個方式是燃燒附著在身體和情緒負面印記周邊的有毒穢物，這些穢物正好是印記加以利用而發揮作用的燃料；第三個方式是拭去發光能量場內的印記。光啓過程在事件的根源處進行療癒，等於在藍圖的層次就予以修正。當印記被刪除，一個人可以即刻改變負面的情緒和行爲，免疫系統的力量很快被釋放出來，身體的復原於是加速。

發光能量場的每一個印記都連接到脈輪，透過脈輪，它將有毒的訊息釋放給中樞神經系統。每一脈輪皆包含生命中情緒和身體特徵的地圖，如同一座山脈能以不同的方式來標記，譬如空照圖、等高線圖、人口密度圖等等，脈輪包含了生命經驗的藍圖，分別由不同深淺的鏡頭來詮釋。第一脈輪是生存地圖，第二脈輪是情緒地圖，以此類推。爲了更了解案主的問題所在，我會預先進行脈輪的評估，判斷出哪一個能量中樞受到牽連，藉此了解能量場中的印記將透過哪一個脈輪加以處理，使我的案主在情緒和身體上感到快活和舒適。

能量轉換處方

伯克明斯特．富勒（Buckminster Fuller）曾說到，當地球繞行太陽旋轉，太陽的光帶會包覆、環繞樹的枝幹，他解釋，當人們在火爐裡引燃一根木柴，等於再度釋放出太陽光。任何有生命的物體都由光構成，光則是被包裹在具體物質之內。鯨魚獵食由光餵養的浮游生物，人類食取由光餵養的植物，我們所食取的動物同樣進食光所哺育的植物。一切都由光組成，即使阻塞脈輪和健康印記的黑暗能量也是。如同木頭須被放入火爐中才能再度釋出光芒，能量必須燃燒（或者袪除，下一章將談及），安地斯山區的巫師把這個過程稱為「彌胡伊」（mihuy），意謂消化或燃燒。

在印加的巫術傳統裡，沒有所謂的「壞」能量，只有能夠支持生命的「輕」能量，和無法消化的「重」能量。當你為案主治療，體內正包覆著他時，你的發光能量場會自動燃燒能量，無法燃燒的廢料將排出，回到土裡，如同火燒後的灰燼。光啓過程將把囚禁在物質裡的光解放出來；只要你是在神聖空間內進行治療，那麼不經意從案主身上吸收到負面能量是不會有危險的。傳說美洲豹的能量能協助你將能量轉換成光，燃燒時所釋放的光將被案主再度吸收，補充其發光能量場中的燃料儲存。

光啓過程將重的能量轉換成光，此一過程也隱喻將情緒的傷口轉化成力量與知識。在神話裡，這通常是治療師本人受傷的療癒方式，透過煉金術（彌胡伊），而將創傷轉化成勇氣和力量的來源。我很明白，案主身上的每一道情緒傷口都隱含著極有價值的教訓，一旦習得教訓，便不需再經歷痛苦的經驗，傷口不再去草擬現實，卻轉變成愛和力量，過去的慘痛故事將激發內心的平靜和憐憫。治療者對他人的痛苦之所以能感同身受，是因他深知受傷的滋味爲何，而且不受制於過去，反而因之受到激勵，不論它會帶來多大的困難和痛苦。一旦能完整地將經驗統合在一起，這些經驗將彎折一個人堅硬的靈魂。

我在治療訓練課程上結識蓋兒，她來自休斯頓，是榮格派的心理學者。我對她的慷慨大方和同情心印象深刻，她總是願意撥出時間給需要的人，臉上永遠掛著微笑，說話親切而友善，從其舉止裡完全看不出她的二十四歲女兒在幾年前罹患重症過世。變故發生之後，蓋兒幾乎鎮日在家，寸步不離，她失去活下去的意志，每天只在房中獨自進食，連她的丈夫也想不出任何法子幫助她走出陰霾。她每天都要花上數小時靜坐冥想。女兒過世後一年，蓋兒終於能夠走出憂鬱，不再沮喪，一年來與外界的隔絕，讓她了悟了自己應當幫助更多需要幫助的人，這或許就是她的天職吧。從那時起，她便成爲達賴喇嘛在美國的倡導人，協助無數西藏人在美國找到落腳之地。感謝她的努力，才使西藏佛教徒的困境得到大眾的注意。

一年的哀傷和孤獨給了蓋兒勇氣和改變的決心。她在世界各地接觸到無數的人，最重要的是，她是女性的典範，面對了痛苦和失去，但最終能夠堅強地走出來，她不僅吸納了人生所帶給她的功課，還嘗試將個人的苦難轉化成更大力量的源頭。

這一份功課在能量的層次被融匯吸收。當脈輪中的負面能量燃燒，脈輪中內藏的天然種子便獲得機會成長，當腹中不再積存畏懼，憐憫於是生成。當第一脈輪不再有欠缺感，就會經驗到宇宙間富足的愛；當第三脈輪不再蓄積悲傷，我們於是能夠改變世界，身體上的發光結構改變了。幾星期之後，理智上的了解也隨之跟進，在我們的工作裡，治療之後常常伴隨著了解，改變通常在最中樞的能量層次發生，隨後知性上也將跟著改變。相較之下，西方的價值觀則堅持，了解必須在治療之前發生；首先調整腦中的想法，明白父母在情緒上並不能滿足我們，然後才啓程往改變之路前進。在發光治療術裡，當能量場和身體改變之後，心理自當能產生洞見，無論如何，眞正的轉化絕不可能在理性的了解之後即刻發生。

光啓過程會將與創傷和疾病相關連的沈滯情緒，變幻爲營養的生命汁液，譬如燃燒木柴的副產品就是光和熱。由於沈滯能量被擠壓進窄小的空間裡，因此無法變成燃料和生命能量供我們使用，正如我們無法單純用一根木頭來取暖，除非將其點燃；同樣的道理，除非透過光啓過程解開束縛的內在光能，否則便無法釋放沈滯的能量。

第一步驟是燃燒積存在脈輪壁上的污泥和能量殘渣，一旦清除乾淨，脈輪即成爲一塊透明澄淨的玻璃，人們可以透過它看到發光能量場，清晰讀到其中的細節。我所看到的印記常如一塊暗黝的星雲，聚集了黑色沈滯的能量，盤踞在發光能量場中，當我運用第二覺知，即可分辨出導致原始傷口的事件。然而更重要的事卻是治療傷口，我們必須清除這些能量，如同清洗切開的傷口一般。當人們不小心切傷，必要先徹底清洗傷口周圍，一旦讓塵埃堆積在傷口上，就會引起發炎而不會痊癒了。發光能量場中的情形也是一樣，唯一不同的是，我們以肥皂和水清洗傷口，但卻須以火來潔淨這些暗沈能量。光啓過程會燃燒聚集在印記周圍的能量，將其轉化成光，這些能量就是過程中所須清除的塵土和污垢。

心理治療可以協助人們釋放出深陷印記中的負面情緒，明白是哪一樁事件導致內心的痛苦，以及隨之而來的相關情緒，然而卻無法清除在其底下的印記，如同切開的傷口雖被洗淨了，卻未被包紮起來，數星期或數月之後，情緒能量會再度聚集在印記周圍，再度刺激著它。我們以爲老早痊癒的心理事件竟復活起來，破壞性的舉止行爲又浮現（對於許多人覺得需要持續數年的心理諮商，這可能是個原因，因爲他們需要不斷地清理傷口，而事實上，近來心理學家之間已掀起一股對巫術治療的興趣）。以光啓過程燃燒印記周旁的能量之後，其作爲基底的印記於是消除，藍圖中不再有剩餘的圖樣得以將舊有的現實建構起來。

光啓過程最重要的好處就是，轉化有毒的情緒能量成爲光，然而這還不是全部的處方，當脈輪壁和印記周圍的污泥燃燒殆盡，我們將用潔淨的光來重寫印記中的訊息，這正是爲何我稱呼它爲光啓過程，因爲當我們以光來啓迪脈輪，便是用純潔的光重寫印記。我們從第八脈輪開始用能量重寫印記，你用一道金色陽光灌注在案主敞開的脈輪上，在此一階段，案主往往會敘述自己感覺到前所未有的平靜，及一股與大靈結合的深層感受，這就是無限的滋味。

光啓過程會喚起痛苦的回憶。若你記得的話，這並不是心理治療的過程，讓案主記起往昔的創痛，以便於治療；光啓過程是一種能量轉換的過程，其重點不在重述過去的事件，讓案主再一次感受痛苦和悲傷，讓那股能量再度襲擊他們，在治療的尾聲，案主通常都處在詳和、平靜、受祝福的狀態。我要他們回憶那份創痛的情緒強度，他們往往說，雖然可以感覺到能量的強度，但不再感覺到痛苦。當我為兒時曾遭遇遺棄的人治療時，我會要求他們回憶被棄時的感受或者所感覺的痛苦，藉此追蹤事件在他身上留下的光的軌跡，找到受侵染的脈輪，及發光能量場中印記的來源。

我常告訴案主，他們能夠控制整個過程，途中可能會經歷強烈的情緒起伏，手腳會痙攣，身體顫動扭曲、不由自主地移動等等。假使感到不舒服，他們可以隨時把雙臂交叉胸前，右臂在左臂上方，表示想讓過程慢下來（許多文化裡都有這個習俗，以阻斷能量的流動。埃及的法老便都以這樣的姿勢下葬，如此可以保護他們在前往來世的途上一路平安，即使到了今日，武術的修習者也以此擋開襲擊的拳頭）。明白這一點，等於讓案主知道，他們可以自行調節經驗的強度，可以自由選擇想到達的深度，或者乾脆停止這一過程。

光啓療程的步驟

1. 診斷案主
2. 追蹤印記
3. 敞開神聖空間，向四方召喚
4. 將案主包覆在你的能量場內
5. 按摩深層穴點十分鐘
6. 敞開受牽連的脈輪
7. 按摩放鬆穴點五分鐘
8. 祛除脈輪上的濃稠能量，向地面揮去
9. 召喚美洲豹輔助沈滯能量的代謝
10. 光啓以清除印記
11. 平衡脈輪，關閉發光能量場
12. 與案主分享
13. 關閉天地四方

1.診斷案主

每次療程一開始，我會先詢問案主來此的原因，以確認出其身上的能量問題。我會仔細傾聽他的故事，不管花多長的時間，務求其覺得自己被充分傾聽。通常見面的第一個小時，我會全神貫注在他的故事上，但不會把它變成心理諮商。我有興趣的是他的故事，但不在分析他的故事。我也會仔細觀察案主的肢體語言，當他描述問題和痛苦時，留意其手部移動的方向，試圖從潛意識裡找尋線索，以便發現印記所在的位置及相關連的脈輪。

2.追蹤印記

在發光能量治療學校裡，我們教導學生運用人體運動機能學，也就是熟知的肌力測試方法，來找出發光能量場中的印記。此項技術由約翰·戴蒙德（John Diamond）博士所發展出來。脊椎指壓治療師和其他身體工作者，也普遍使用此一技巧來了解骨骼和肌肉的排列，而我則用它追蹤發光能量場中的印記。在尚未培養出透視疾病印記的幽黯部位的能力之前，這個技巧算是最實用而可靠的方法，一旦運用得正確，便可精確讀出案主能量系統的狀況。由於作出反應的是案主的身體，而非他的理性頭腦，你可以非常確信自己所獲得的是正確的資訊。

治療師和案主都須先行除去身上所有的金屬配件，如珠寶、手錶等等。案主閉上眼睛，伸出一隻手臂平舉在身前，與地面平行，治療師則用兩隻手指在其手腕上施加重壓，並要他對抗這股壓力。大部分的人都能反抗這股壓力，保持手臂平伸，與地面平行。接下來，要他回憶某一心愛的人，再度測試他的抗壓力。此時他的手臂應會顯示出強健的反彈力，因爲愛通常能引誘出能量系統內強而有力的反應。接著要他回想所厭惡或恐懼的人，此時其手臂應會顯得脆弱無力，也就是說，當你用兩隻手指施壓時，他的手臂會向下傾斜，因爲恐懼和心中的看法、偏見會削弱我們的力量。

爲了證實此一肌肉反應的正確度，要案主在心中想像達賴喇嘛、佛陀、耶穌、上帝的形象，任何對他而言象徵愛、憐憫的人物，再做一次測試，此時其肌肉應會再度顯示強韌的反彈。想像納粹的標誌，那與死亡集中營息息相關的符號，此時肌肉又會呈現疲軟的現象。最後，要案主發出「是」的聲音，此時的手臂應是強而有力的，而在發「不是」時，手臂應較爲無力。這最後的步驟特別重要，目的是要讓治療師與案主的表意系統和潛意識過程建立一致性。

偶有一次，你會碰上一個反應恰恰相反的案主，當他應呈現脆弱時，手臂卻強而有力，反之須堅強時，手臂卻無力。通常每十個案主裡，就有一個呈現這種異常的現象，這是因其神經傳導系統錯置了。事實上，我們偶爾都會經驗到這種情況，以致於錯誤解

圖四：肌力測試

用兩根手指頭按壓案主的手腕，案主則盡力抵抗壓力。

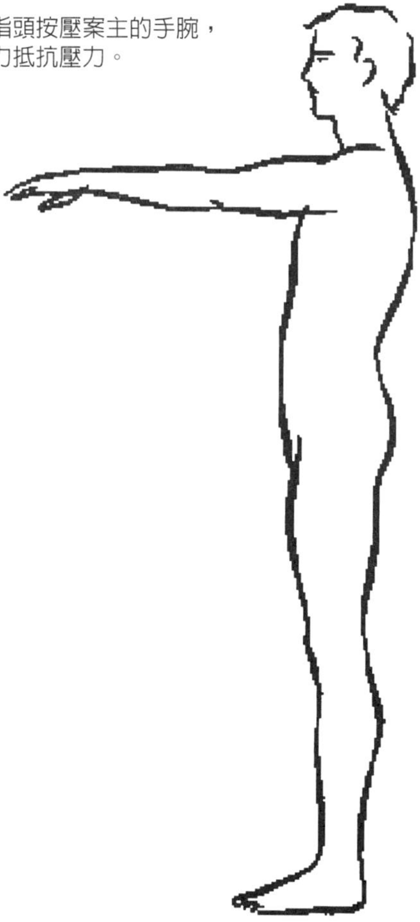

讀從現實世界取得的訊息。此一情形很容易回復正常，只要用手指頭重捶胸腺（胸骨頂端）的部位三下，同時回想心愛人的影像，便可以很快回復正常，之後再做測試時，反應即會分毫不差。捶打胸腺等於重新調整能量系統，使其回復正確的兩極。

追蹤印記，首先要在心中回想與之相關的痛苦事件，使事件成爲一種能量的顯現。潛藏的印記有時非常不易找尋，如同電腦裡一個不常使用的程式，當印記被賦予能量，治療師可以馬上偵測到它在能量場中的位置，及與其相關的脈輪。爲印記灌注能量就如啓動一個電腦程式，它的符碼會立刻活躍起來，運算和指示一一顯示在螢幕上。爲刺激印記活動，案主須回憶當時受傷害的感受，記起心中經驗到的每一個痛苦、悲傷、羞愧。單單理性上的回憶是不夠的，他必須再次接引感受的強度，彷彿五臟六腑又再度經歷一般，如此持續片刻。

此一測試主要在讓治療師判斷出有毒印記的存在。首先藉由手臂平伸胸前來測試案主的強韌度，接著要他想像大自然裡他最喜歡的地方，當你用手指頭重壓其手腕，其手臂應是非常強韌。接著要他回憶你正欲評估的創傷事件，此時我會要案主閉上眼睛，更精確地回答問題。譬如我問他：「你覺得身體裡哪一個部位覺得羞愧？當事情發生時，哪裡受傷，又如何受傷？」或是要他「用一個動作或手勢來表示當時的感覺」，假使案主記不得確切的事件，我會要他專注於此時的感受，一旦有一個印記與此事相關，他的手臂馬上會顯出無力感；其身體顯現的差異會非常明顯，彷彿他已筋疲力竭。

約翰是發光能量治療學校的學生，一天早上我在課堂裡作示範，邀請他上來作為我的案主。當他走到教室前方，我發現他身形魁梧，走路時昂首闊步，一副急於炫耀的姿態。不管我如何嘗試，他怎麼樣也不讓我把手臂往下壓。我使他回想一個最喜歡的自然風景處，他的手臂堅硬如同鋼樑，再要他回想先前不久才發生的離婚及被強制與兒子分離的事件時，他的手臂開始變得疲軟。他帶著為難的表情看著我，對他而言，我所使的力氣並無改變，「你的兩根手指頭像兩百磅鉛球一樣。」他說。

身體是不會說謊的，當案主對某印記的測試呈現陽性的反應，我就開始追蹤哪一個脈輪同時被牽動。任何活躍的印記必有一個脈輪與之相關，否則它沒有其他的管道將訊息傳輸給神經系統。假定某案主的印記起源於兒時被忽視的經驗，如我發現第二脈輪受到牽連，這就表示此印記已經引發自尊的問題，假使所牽連的脈輪出現在前額（第六脈輪），那麼我便明白這事件已經影響到此人辨別人生方向的能力，或者他正試圖用理性來治癒他的情緒問題。

治療師應即刻測試與印記相連的脈輪，因其發光能量場內仍因所回憶的創傷影像而餘波盪漾。我教導學生將右手置於第一脈輪上方，約距離皮膚兩吋，當案主把手臂向前平伸，用左手食指和中指按壓他的腕部（若你是左撇子，則使用右手）。在每個脈輪上重複做這個步驟，從底部的脈輪依次往上。每一個脈輪之間要稍作暫停，約一次呼吸的時間，但仍需快速進行，因爲回憶所激起的漣漪會很快減弱消逝。

有時數個脈輪同時呈現疲弱的現象，這表示有數個能量中心與此印記相關，此時我們必須找出當中最下層的脈輪，因爲這裡是問題的根源所在，稍後在光啓過程裡，我們將對此一受牽累的脈輪做工。只要此脈輪清潔乾淨，印記從發光能量場中除去，其上的其餘脈輪會自動回復平衡。

雖然如此，我們也都成功的度過一些痛苦的事件，它們並未在發光能量場中留下印記。在事件發生的當下，若已妥善處理自身的感覺和情緒，便不會有任何印記烙刻在能量場內，當我們測試這些事件時，案主的反應便總是強而有力。我記得曾有一名建築工人，他的父母於一年前在一場車禍中去世。有數個月的時間他痛苦難當，當我們爲他測試是否形成印記時，他的心情仍舊非常低落，但出乎我們意料的是，測試結果竟顯示他非常強壯，這表示他的能量場內並無任何相關此事的印記形成。然而在數星期前，他曾目睹一位同事不小心被電鋸切斷食指，他回想那人如何痛苦哀嚎得跌倒在地，在滿是鋸屑的工地裡找尋他的手指。這個事件影響他至鉅，從那時起，他便完全不敢使用電動工具。當我要他回想當時看著朋友滿地找尋手指的感受時，我發現他的力量不見了，無疑，這事情已在他心理烙下可怕的記憶。經過兩次的光啓療程，他方能再度拿起電動工具工作，而不會覺得焦慮。

發光能量場中的印記只能經由被牽連的脈輪才得以消除。通常印記不太容易清除乾淨，因爲當中包含了痛苦、悲傷、羞愧，當事人往往已攜帶數年之久。當我循相關的脈輪找到印記，其情緒地圖便開始顯示它的風貌，我往往能即刻明白其印記形成的源頭。

3. 敞開神聖空間

在開始能量工作之前，敞開神聖空間是非常重要的，治療者大可以在一天初始之時敞開神聖空間，而在最後一名案主離開後關閉神聖空間，或者每遇到一個就敞開一次，兩個方法都能使當事人和治療者安全處在被保護的狀態。

在施行能量治療術時，自己所身處的實際空間也和所創造的能量空間同樣重要。我通常會在治療室裡擺放薰香、掛畫、吊飾、富大地色調的毛毯等可讓心靈、情緒平靜的物品。案主的歇坐區放置了兩張椅子和一張沙發，房間的另一角則是按摩桌，用一張白色被單罩著，那是進行光啓治療的地方。在一個矮桌上，我布置了一座小祭壇，上面是些石頭和儀式用的物件，都是指導老師們給我的。對於這個祭壇的擺放，我非常謹慎，因爲許多案主是生意人，他們對於太過神祕的氣氛環境可能感到不自在。雖然如此，我工作的空間卻是個名符其實的巫師巢穴，裡面的裝飾經過刻意設計，以使案主感覺舒適安全，儘量使他們覺得像是進到一個和外面世界完全不同的奧妙空間。

4. 將當事人包覆在你的能量場內

向四方召喚自然力和其代表的原型獸物，敞開了神聖空間之後，接著要創造一個內在的神聖空間，將自己的發光能量場向外延伸，將案主包覆在內。當你召喚四方，便創造出自然的神聖空間，你在其中可以更加接近自然的運作法則；而一旦擴大發光能量場，把案主包裹在其中，即是創造一個鮮明的人性氛圍，你可在其間充分發揮人性的各種資源，如引導與知識。前者將我們包裹在一股巨大能量裡，此一能量即是賦予整個生態圈的能量，是一種對身體有療癒作用的自然力。第八脈輪則將我們包裹在靈魂世界的能量之中，靈魂世界裡包含了我們與之共同合作的發光靈體和靈魂。

當我進行光光啓治療時，我總是會同時開啓自然和人性的神聖空間，我們希望那形成銀河星系和茵茵綠草的力量灌注在我們身上，同時也盼望獲得靈性智慧，以引導自身的人性經驗。當我們這麼做時，便是置身於雙重的神聖空間裡，案主常提及，那種感覺就像躺在子宮般的氛圍。

療程一開始，先念誦第六章所介紹的祝禱詞，然後把第八脈輪往外伸展，使其將自己和案主完全籠罩，如同用一張光之毯將他覆蓋，直到療程結束。案主仰躺在地板或按摩桌上，治療師坐在他的頭部後方，我所使用的按摩桌只有十八吋高，可以讓我舒服地坐在案主頭部後方的椅子上。我要案主用鼻子吸氣，用嘴巴呼氣，務使呼吸規律勻稱。在某些時候，他的呼吸會變得較快或較慢，呼吸會自動調節脈輪內能量燃燒的速度，這就像爲火加燃料，藉著放慢或加快呼吸的速度，他能自行調節體內運作過程的強度。有時你可以要求案主跟隨你的呼吸節奏，以助其呼吸平順規律。過程當中，應稍稍把頭偏向一側，以免直接對著案主呼氣。

5. 按摩深層穴點

接著將案主的頭顱捧在雙手上，輕輕轉動搖晃，雙手支撐在頭部後方的壓力點，這些點在經絡分布上稱爲天門，如此可助其進入輕微的恍惚狀態。它們就位在頭蓋骨的底部、隆起之枕骨隆脊的下方。當你搖擺案主的頭部時，手指很自然地放在這幾個點上，溫和地把手伸到頭蓋骨下方，當你在這兩個點上施加壓力時，案主會很快地在數分鐘之內進入深層的放鬆狀態。兩根中指分別支撐在頭蓋骨中線兩側，彼此距離約一吋，溫柔地施加壓力，隨時注意案主的頭部須保持放鬆，倚靠在穩固的枕頭上。手指頭按壓在深層穴點上持續至少十分鐘。這一次，我以溫和、近乎僅聽得見的聲音詢問他的感受。

你必須不斷維持開放的溝通介面，使其

圖五：深層放鬆的穴點

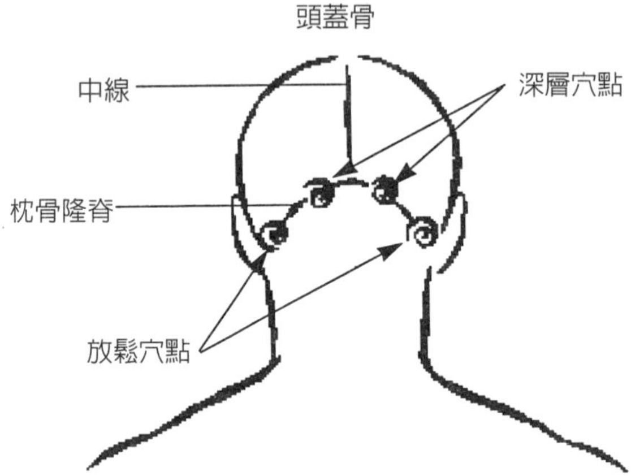

在過程中隨時給你回饋。案主的瞳孔此時可能在闔起的眼皮下快速轉動，此一快速的眼球運動，即REM，通常表示他正處於作夢的狀態，不過在光啓過程裡，這表示一種輕微的恍惚狀態，在此時，具批判性和壓抑作用的意志力已逐漸放鬆對意識的掌控，有些人會描述到自己像是陷入沈睡，只是仍舊能與治療師溝通。他們像是能親眼目睹能量的運作，冷靜地觀察它，而不捲入其中。

6.敞開受牽連的脈輪

與案主的呼吸同步，在深層穴點上施壓數分鐘之後，手慢慢下移，敞開被牽連的脈輪，一隻手放在脈輪上方數吋處，感覺那脈輪能量的旋轉，以手做逆時針旋轉三到四次（有時我持一支老鷹的羽毛進行這個動作，如此可以讓我伸向更下面的脈輪，而不致使身體離開案主頭部後方的位置）。假使你能伸得更遠，便可用手指打開下層的脈輪，否則便必須移步到案主身旁，暫時不去管他的頭部了，待完成此一步驟後，再馬上回到原來的位置。不論使用何種方法，記得都要集中精神和注意力。

只要脈輪一打開，它便開始向前逆流，釋放其污泥和有毒能量，這些能量會外流到由治療師的第八脈輪所延展成的巨大光環裡，它們將在那兒被燃燒。我時常會看見黝黑濃稠的帶子，從脈輪裡向外旋出。接下來的數分鐘，重新逆時針轉動脈輪數次，因爲當它逆流時，很可能阻滯不動。

詢問案主的感覺如何，有時候他會覺得身體的溫度有所改變、肌肉不自主地痙攣、顫動、有股電流自身體向外流出的感覺。這就是印記周旁的能量被燃燒、排出的訊號。當肌肉和細胞的記憶被洗去，身體便會不自主地抖動。一旦印記的能量業已被吸收進肉體組織之中，便只能藉由自發性、不自主的顫動才能除去，尤其當原始傷口處留存著肉體創傷時，譬如身體虐待，更會出現此一現象，因爲身體上留有這些事件的記憶。在某些情況，案主甚至會翻來覆去地打滾，如同魚離開了水的情形，而傷到自己，此刻便必須加快或減緩其呼吸，使能量的釋放變得緩和。

我永遠會提醒案主，他們隨時都可以把雙手交疊胸前，表示想讓過程慢下來或停止過程。

7. 按摩放鬆穴點

此一步驟必須持續五分鐘，你絕對不可輕忽它的重要性。按壓放鬆穴點將促使脈輪壁的污泥燃燒之後，印記周邊的沈滯能量排除完成。清洗阻塞之脈輪的能量就如清洗水管一般，而清洗印記之能量就如清洗飲用水的來源，當你按壓放鬆穴點時，便完成了此一清潔工作。放鬆穴點位於頭蓋骨的後方、耳朵後側至頭骨中線一半之處。現在就找一找它們在頭顱後面的位置，用手指頭探觸耳朵後面約三吋處，摸起來像是枕骨隆脊上突起的小硬塊。緩緩按壓它，會刺激它更深層的清潔，如此包裹在印記上的能量即會被清除和燃燒。

8.祛除濃稠的能量

偶爾，印記會釋出非常濃稠而難以燃燒的污泥，附著在脈輪壁上，如同油斑一般，此時你可在逆時針旋轉脈輪時，用手蒐集這些黏稠的能量。很快地搖晃手腕，將能量撥彈至地上，土地會把能量吸回，轉化成生命，如同它分解落葉成爲有機肥料。

9.召喚美洲豹

我召喚美洲豹的靈來輔助沈滯能量的代謝，當我呼喚牠，我可以感覺到一隻體型碩大的叢林獸物，如夜之闃黑，悄悄躍入我的空間，把釋出的有毒能量一一消耗。美洲豹是巨大的轉換器，能將死亡轉化成生命。在此一階段，案主身上會出現最強烈的感受，因爲能量迅速從身體各處流出，有些案主說到，那感覺像是一道閃電在脊椎上下奔竄。漸漸地，案主的呼吸會變得平緩，表示釋放的過程已經完成。

10. 光啓以清除印記

現在，治療師要開始施行光啓療程了，當案主體內的能量達到一種自然的消退狀態，我便知道進行光啓療程的時機成熟了。這時你會看到很明顯的能量退去的現象，強度削減了，平靜漸漸擴散開來。把手放在敞開的脈輪上，檢查它是否平順均勻地轉動，然後右手向頭上方伸出，蒐集頭頂上第八脈輪的能量，把它帶到案主敞開的脈輪上。我想像第八脈輪如輻射著光芒的小太陽，看見我的手正掬取一把金色陽光，撒在脈輪上。我會重複此動作三次，光啓療程將以純潔的光重寫印記。

11. 平衡脈輪，關閉發光能量場

光啓療程之後，再度把手移到案主頭顱後方枕骨隆脊的底部，按握住深層穴點數分鐘，如此讓案主放鬆，也讓發光能量場重新建立一個新的、療癒後的架構，案主此時會經驗到身體的痙攣，一小部分的能量在這個階段排除。現在順時鐘轉動脈輪三到四次，

使其平衡，接著關閉自己的發光能量場，慢慢將它收束起來，回復成頭頂上一個小小的球體。

方才擴張的發光能量場充當沈滯能量的燃燒室，一旦關閉能量場，便是把火焰變暗，把它縮回第八脈輪之中，它們在那兒變成純潔的光。我見過治療師因爲忽視在光啓療程之後關閉能量場，而吸進案主身上排出的有毒能量，導致自己生病。

12. 與案主分享

一旦案主覺得舒服了以後，讓他坐起來，分享他的感覺。每個人對光啓療程的感受都不同，有些人覺得身體的感受非常劇烈，彷彿每一個顫動、每一絲能量的流竄，都觸動感官的極致。有些人則在過程裡很自然地出現一些想像，還有人只是覺得有股深層的放鬆，或覺得睡了一覺。

光啓療程同時治療了身體和心理狀況。當印記周旁的有毒能量被清除，身體的免疫系統解除了抑制，體內的自我療癒於是加速。而當印記不再生效，心理的各種狀況因失去啓動的能量而不再發生。很多時候，療癒幾乎是在很自然的狀況下便完成了。

13. 關閉天地四方

當我們敞開神聖空間，便是創造一個小宇宙，從有形世界延伸，而跨向無形世界，那維繫一朵水仙花和銀河星雲的自然力就存在其中。當關閉神聖空間，便是釋放出這些自然力，擁有原型力量的獸物將回到初始渾沌未明的狀態。關閉神聖空間時，再度向四方召喚，首先向南方，然後順時鐘繞一圈，謝過每一種原型獸物，最後謝過天地，在此同時，你可灑些薰香水或點燃鼠尾草，若巫師認爲須遣送一個原型獸物陪伴案主回家，他會讓那個方向敞開著，要求獸物照顧並治療他的病人。

第8章 祛除療程

他的身子捲曲，向前傾倒在他的療癒工具前面，那時我正協助隊上的人，在阿瑪魯馬切（Amaru Machay）進行自我目標的探索，阿瑪魯馬切是庫斯科城外一處進行受教儀式的洞穴，牆上滿是蛇和美洲豹的壁刻。此時正是晚上十一點鐘，我聽見艾德渥多虛弱的叫聲，當我走近時，他口吐白沫，我以為他的病發作了。

「朋友，他們難倒我了。」他努力在兩口氣間虛弱地吐出話，雖然晚間空氣沁涼，他仍汗水淋漓。他告訴我剛才在儀式中被一道邪魔揮中了，這使我頸背的寒毛直豎，艾德渥多是祕魯北海岸地區著名的巫師，我已經認識他好幾年了，很清楚他的功力。是什麼東西有這等本事，竟能把他擊倒？我知道許多人嫉妒祕魯的媒體如此鍾愛他，想想看，連總統大人都來向他請益呢。

「我被劍刺中了。」他指著肩膀說。一把短劍刺進他的肩膀，幾乎要刺穿他的心臟，但我看不到任何東西。我到他的祭壇上取了裝著花精油的瓶子，吸了一口，把嘴唇就著他的肩膀。我感覺嘴裡瀰漫一股金屬的味道，於是努力將它吸出，一陣噁心之感同時湧上來，突然，那如刀的物體鬆脱，進到我嘴裡，我感覺它通過我的氣管，進到胃裡。我開始不斷作嘔，止不住清空腸胃的衝動，直到剩下乾嘔。

艾德渥多坐起來，恢復了鎮定。「謝謝你，夥伴，」他說：「你救了我一命。」

那件事發生後至今兩天，我仍感覺胃隱隱作痛，而這也是最後一次我做這種吸拔的治療。

——手札

這種事只可能在巴西發生，多麼完美的折衷，均勻混合了印度、歐洲、非洲……各種你所能想像得到的人種的顏色。某個國際性的商務會議正在隔壁的飯店舉行，那天傍晚的沙灘上，我觀察到人類的進化正在某處悄悄運作。沙灘的一端是巴西人，他們勻稱有形的身軀浮蕩在伊帕內瑪海灘上，沙灘的另一端則是白白胖胖的與會人士，像一隻隻海象躺臥在灘頭，手裡握著充滿異國風味的飲料，裡面還裝飾著小雨傘。

在巴西，你可以隨心所欲成為你想成為的人，甚至變成一個領受非洲和巴西傳統啓迪的醫生，昨晚我便領著我的小隊拜訪這名醫生。他擁有一群訓練有素的靈媒，即追蹤的專家，可以化身成當事人的前世，以施行治療。隊上的一名女性艾瑟躺下後數分鐘，其中一個靈媒即開始啜泣起來，以近似小女孩的音調說：「別碰我，拜託，別再碰我了。」

艾瑟的姊姊這一次也與我們同行，她不知所措地看著我，不知發生什麼事。另一靈媒此時也顫抖著身子陷入恍惚，他自稱是艾瑟死去的哥哥。他轉向艾瑟說，除非她原諒他，否則他永遠不會平靜，並開始為所做過的傷害、小時候虐待她、欺負她的行為致歉。我問艾瑟的姊姊究竟怎麼回事，她先是一愣，然後解釋道，她們的哥哥在一年前死去，他小時候常常凌虐艾瑟。

艾瑟坐起來，安慰那名像小孩般嗚咽的靈媒，同時對著死去的哥哥說話。哥哥說他非常痛苦，對他造成的傷害感到極度難過。他們繼續談話了將近二十分鐘，最後艾瑟對哥哥說：「我原諒你，你現在可以平靜了，我愛你。」就在那一剎那，彷彿機關自動關閉，兩位靈媒解除通靈狀態，若無其事地坐了起來。他們想不起剛才發生的事，其中一個才化身成艾瑟小女孩的靈魂，另一個則化身成死去哥哥的靈魂，打從死了以後便縈繞在艾瑟身旁久久不去，只為求得原諒。

這種事只在巴西發生。

——手札

有這麼一句格言說，每個人並非孤立的島嶼，此言不虛，身爲更廣大世界的一部分，每個人都彼此銜接。發光能量場中的電磁波以光的速度自身體向外擴散，每個人的能量場皆與他人的能量場相重疊。想像丟一顆鵝卵石在寂靜的池水中，所激起的漣漪從中心向外擴散，再想像丟入另一顆鵝卵石，兩顆鵝卵石激起的漣漪將很快重疊、相交，形成干擾的圖紋，與人類的能量場在宇宙間激起的圖紋相同，每個人的能量隨時隨地皆與他人的相互作用。

袪除硬化的能量

雖然光啓療程能夠燃燒發光能量場中大部分的能量，但某些有毒的能量可能硬化，成爲近乎物質狀的東西，無法經由光啓療程代謝排除，它們就如變硬的木頭，不再能夠燃燒。這些硬化的能量埋在身體當中，形成短劍、箭、矛之類的象徵形象。巫師認爲這些硬化的能量是邪惡巫術的結果，我自己也發現，他人在我們身上投下的憤怒、嫉妒、憎恨的情緒，也可能形成這類能量，有時它們是一些能量的殘餘，包含了有關我們前世如何死去、如何受傷、如何被置於死地的記憶。

很顯然，家人、朋友、同事等等與我們最親近的人，對個人生活擁有最強烈的影響和滲透力，不論是帶來歡樂或痛苦，他們對個人隱私空間的直接涉入，使我們對其反叛、憤怒、嫉妒的行爲顯得格外脆弱。一個前任配偶的負面想法很可能會滲透進入能量場，如短劍一般，在進入的一開始，它形如流質的液體在發光能量場內川流循環，身體系統認得出這些是外來的能量，一般而言都能成功地將它們排除，正如免疫系統消滅外來細菌一樣。

然而若我們持續處在負面情緒的彈幕之下，能量場的防衛系統便極有可能被壓倒，投向我們身上的負面能量於是硬化，埋在身體當中。此一狀況的發生期約在數星期到數月之間。這些能量不屬於我們，由於能量已成近乎固化的物質，它必須被祛除，但祛除必須在光啓療程、清除了當事人的發光能量場之後。

第一次親眼見識袪除儀式是在亞馬遜的其中一條源頭，我在那裡追隨一名叢林巫師學習，那天晚上她的案主是一名雜貨店老闆。他是鄰近城鎮頗具影響力的人物，爲了找尋這名女巫，不惜跋涉三天來到雨林。他說過去數個月來，他感到全身無力，消化不良，且失去食慾，尤其與家人的關係更是降至冰點，妻子甚至威脅要離開他。

女巫要他躺下，她召喚四方，把一根治療用的煙筒塞滿稱爲「樺莽．塞兒」（huaman sayre）的菸草，這是上亞馬遜地區一種能刺激幻覺的菸草。她點燃一根火柴，放入煙筒腹裡，深吸一口，對大地之母吟誦一段祝禱詞，然後向天父祈禱。她把煙吹向那人伸展的軀體，在泛著青藍的煙霧裡檢視他的能量場。偶爾將手拂過他的身體，儀式完成後，她要他起身。女巫的診斷是，這名店家老闆被嫉妒施了邪術。

斷定問題的根源之後，女巫輕搖他的頭部，輕聲吟唱，並用一把鸚鵡羽做的扇子在他身上擊打筆劃，清潔其能量場。這名店主自始至終抱怨肚子痛。女巫非常肯定地說，一支長矛從側邊戳進他的身體，她說，一名他曾經幫助過的人背叛了他，他利用了他的仁慈，在旅途中搭訕了他的妻子。

她把注意力移到腹部，雙手環繞一支看不見的箭桿，開始用力拉扯。她一隻手用力撐住肚子，另一隻手用力拉那隻隱形的箭桿，將它轉動，慢慢地鬆開。此時男子痛苦地哀嚎，說像是有一隻尖銳的釘子正要從肚子上拔起。療程的尾聲，店主筋疲力竭躺在草蓆上，女巫繼續進行她的諮詢。她說，做人慷慨大方很好，但是別做一個爛好人也是很重要的。那支拔起的長矛正是因爲他人嫉妒他的成功而引起。

我問女巫，爲何在祛除療程之前須先做光啓治療，她解釋，聚集在箭桿周圍的沈滯能量必要先行燃燒，之後方能將它拔出，即使這些能量不如箭桿堅硬，但卻牢牢固定住箭桿，就像木樁周圍爲了固定而塡滿泥土一樣。女巫或許也能採用吸除的方式，這是亞馬遜地區常用的方法，但是此法較爲危險，治療者很可能不小心呑進黑暗的能量，而使自己生病，所以光啓加祛除的兩階段療程是較爲安全的作法。

最初我以爲，亞馬遜巫師之所以觀看到求助者身上埋著短劍、矛、箭等傳統武器，是因爲這些正是他們日常生活中所見的器物，我回家之後，便開始期望在案主能量場內找到一些多少與現代戰事相關的象徵器物，如槍、子彈之類，然而出乎意料的是，我所找到的竟與叢林治療師所述的符碼完全一樣，我一直無法了解這個結果，直到想起人類腦部的腦內邊緣系統（limbic）在數千年前便已發展完成，當時的祖先便是用刀、槍、矛進行漁獵活動和彼此的爭戰，此一亙古的腦部結構中所留存的劇碼和影像至今未變。

腦內邊緣系統通常對於象徵符碼作直接的解釋，當我們被背叛，我們說「自己的背上被捅了一刀」，因爲在象徵意義上，我們的確如此。如此背叛的行爲及伴隨來的強烈情緒，會在能量場內製造出一池的沈滯能量，一個人花愈久的時間從背叛事件恢復過來，此一能量就需要愈久的時間解除硬化。最後，它開始形成一把短劍插在背上的具體形態，因爲它正是腦內邊緣系統所知覺到的情形。當我們覺得心痛，這些能量會形成一條金屬帶勒住心臟，或是一個鋼造的圈套，使我們感覺深陷其齒牙中。案主早年所受到的性虐待，常常顯示爲一支箭桿或長箭刺進其下腹部，戳入那性和自尊所棲住的脈輪。有一次，我發現一名案主的頸部周圍繞著一個能量的套索，實情就是她正深陷暴力虐待的婚姻中。

然而很重要的一點是，在診斷過程中要隨時保持開放的心態。當我在案主身上發現一個濃稠的圓柱狀物體，我不會立刻聯想，啊，是一支矛，而是先仔細體會它的感覺，對自己說，溫熱、圓柱狀的、長而堅硬的……等等，直到我已將它拔出，確實發現它有銳利的刀刃和一個握柄後，我才會作出結論，那是一把刀。我總是要學生不要輕易爲感覺下名稱，因爲給與定名是一個理性思考的行爲，會使我們遠離眞實的經驗。我提醒他們，除非已相當嫻熟如何運用光啓療程，否則不要袪除硬化的能量。發光能量治療學校的學生都致力於學習精確的運動感覺，以便正確感受硬化的能量，一開始，很多人都誤以爲印記周圍的濃稠能量就是那埋藏在體內深處的硬化能量。

來自前世的影響

跟隨巫師工作的過程中我了解到，許多在體內硬化的能量都源自前世的經驗，由於這些能量已經寄住身體內很長一段時間，因此早已深埋在組織之中。在祛除的過程，案主常會自發性地描述到，腦海中出現一些奇特的、像是來自完全不同時代的影像，譬如被棄置在古戰場上等待死亡，或者家園被焚燒、家人遭殺戮的景象。

派翠西亞是一名成功的律師，住在芝加哥。她年近五十，至今尚未有過至少維持數月的戀愛經驗，她有獨特的性癮癖，曾有一段時間接受心理治療。「我把男人當成面紙，用過就丟。」我們第一次見面時，她如此告訴我。她描述自己每次與男人做愛之後，就喪失對他們的興趣，她無論如何都無法勉強自己花一整個晚上與男人相處，總是在做愛之後即刻將他們遣送回家。單單去年，她就與一打的男人有過性關係，但很快就對他們吹毛求疵，然後棄如敝屣。最初是她的治療師向我提起她的狀況，因爲感覺到派翠西亞毫無進展。

在光啓療程中，我認爲很可能有硬化的能量牽涉其中，當我掃描她的能量場，我發現數個窄而像箭桿的物體從她心臟伸出，有點像豪豬刺，而當我更仔細地端詳，她的心臟如同針墊一樣，我開始把手放在其頭蓋骨後方的放鬆穴點上，輕輕握住，一旦放鬆穴點被啓動，便會洩露出脈輪的所有狀況、所有故事和原委。

我把手移至其胸前，再度發現數支冰冷如金屬的棘刺從她的心臟伸出。當我碰觸這些硬化的能量，其塵封的記憶馬上被啓動，我抓住其中一支棘刺。此時派翠西亞述說她看見一名年輕人，年紀大約十七、八歲左右，住在雨林之中一個愛好和平、與世無爭的部落，以打漁、採集野果爲生。她看見一群男子圍聚在他的家人營帳前的空地上，所有茅屋都起火了，她甚至聞到肉燒焦的惡臭味。接著派翠西亞似乎變成那年輕人，從他的角度觀看。

他走近一些，看見那群人正在強暴他的妹妹，這名男孩立刻搭起一箭，朝那名正在凌虐妹妹的男子狠狠射出，箭頭正刺穿他的頸項，在旁的幾個人見狀，即刻追趕而出，將他捉住。派翠西亞極其詳盡地描述所見的景象，彷佛有一部電影正在面前上演。她看見男孩如何被那一幫殺了他全家的人輪姦。最後他被綁在一棵樹上，活活餓死。派翠西亞可以感覺到年輕人的憤怒和厭惡噁心之感，她在和男人發生性關係時也帶著同樣的憤怒。我所覺察到的豪豬刺就是她的防衛系統，以防止自己和任何人發生親密關連。

當我正祛除這些刺狀的物體，派翠西亞開始哭泣，忿忿地用拳捶打地面，我又爲她做了光啓療程，改變吸引這些能量的「親近性」（親近性將在後面的段落解釋）。我們討論到治療過程中她所看到的影像，她覺得自己就是那名年輕人，而正是這個經驗讓她如此厭惡男人。我們很難精確地說，是否男孩被輪姦的景象確實是派翠西亞的某一個前世，然而究竟它是某一世的顯現或者只是隱喻她今日的生活，其實並不重要，重要的是此一故事隱藏在她體內，支配了她的生活。

對於派翠西亞所看到的景象，心理學上存有十數種不同的解釋，不過這些解釋都不足以減弱她接受此一治療的好處。在那之後，她開始和一名男子約會，性生活的混亂結束了。幾個月後，她的治療師打電話來告訴我，派翠西亞對自己親密關係的複雜情結了解了許多，如今情況已大有進展。

關於祛除療程的威力，我最喜歡向人提及我自己的例子。有一次我和九歲大的兒子在沙灘上玩耍，我將他提起來跨騎在肩膀上，此時一道浪打過來，將我倆推倒了，他跌坐在我向外翻的右手臂上，造成我右肩的旋轉肌撕裂。此一痛苦的狀況使我的右臂此後始終無法抬高超過頭部。六個月的物理治療毫無效果，醫生建議我動手術。

由於我在發光能量治療學校教授祛除治療的課程，我很快聯想到或許這個方法可以幫助我。我請到學校裡一個資深的老師理查．柯恩博士掃描我的肩膀，找尋硬化的能量。理查檢視了我的發光能量場後告訴我，我的腋窩下有一物體伸出，一片像金屬的東西伸出皮膚外約四吋。他用能量場將我包覆住，開始為我做光啓治療。過程當中，他指示我坐起來，準備祛除那塊金屬片。當他轉動物體，一陣痛楚擴散開來，直達手指尖，並且蔓延到頸側，好似一把刀子在肩胛骨裡轉動，我仔細感覺痛楚在肩膀裡的流動。理查後來花了將近五分鐘才祛除金屬物，那東西長得像短劍，有著三角形的柄。

我的旋轉肌很快在一個月內痊癒，現在能夠舉高，恢復三百六十度的動作。整個治療過程裡，我未覺察任何影像或線索，顯示這個能量從何而來，理查認為這是一個古老的傷口，很可能與某個失喪有關，但無法再提出更詳細的資訊，我則認為它很可能是數年前我為艾德渥多作吸拔治療時的能量殘餘。理查鼓勵我別太早斷定，以便等待後來的詮釋。我回想生命中所有失喪的主題，但皆無法將它們與現在或過去的創傷連繫起來。

案主有時在祛除療程裡也會出現這種現象，未覺察或憶起任何影像，但卻在數天或數星期後的夢中或冥想時看到，我繼續思索「失去」這個想法。

雖然理查是臨床心理學家，但並未敦促我快快爲經驗作解釋，或找一個前世的創傷故事來爲治療作注解。過一段時間後，故事的眞相在夢境中顯示出來了。我騎在馬背上，走過一座黑暗的森林，我愈往裡走，光線愈來愈暗，我感覺到前方的路徑愈來愈窄，直到樹的枝椏擋住前方，已經無法再往前走了。完全沒有空間可以勒馬回頭，也沒有辦法再往前進，此時一個穿著藍色長袍的高大女人出現了，她執起韁繩，告訴我必須徒步回家。當我試著下馬，我注意到右臂已經使不上力，只虛軟地垂在身側，她必須扶我下馬，領我走出森林，我只能一路斜靠著她行走。我醒來之後，彷彿明白了此夢的意義，它要告訴我的是，我必須把體內喪失的女性部分融入生命之中，因爲我無法倚賴右手臂這一男性的象徵來護送我安全回家。我告訴理查這個夢，他的感覺是，我這次應該對了，他並未強將他的解釋套在我身上。在我們的工作裡，案主往往能自己發現病灶，最後終能自我療癒。

祛除治療步驟

以下介紹的技巧是用來祛除體內硬化的能量。祛除治療包含數個步驟，包括掃描發光能量場、確認及祛除硬化能量。必須注意的是，永遠都要在光啓療程當中來進行祛除，除非硬化的能量位在發光能量場的最外層，但此一情況通常很難覺察。在光啓治療之中，脈輪的所有狀況都會顯示出來，位在能量場內各處的硬化能量也很容易被偵測到，甚至，光啓療程會燃燒聚集在硬化能量周圍、將它牢牢嵌住的負面能量，光啓療程就如在拔出隱藏皮膚內的玻璃碎片之前，先清除傷口周圍的塵土。

負面能量之所以被我們吸引，是因爲它與我們有親近性。我們體內有接受器，正如同大腦中對某些化學物質有接受器一樣。我們吸引這些能量，正如我們會吸引某些特定類型的人到身邊的道理是一樣的。每一能量形式都有其振動的頻率和振幅，只有當體內棲住著憤怒的波動，憤怒才有可能穿透發光能量場，而只有當內心存在著自我仇恨，仇恨才可能影響我們。任何負面能量正在發揮作用的狀況，譬如離婚、與家人的宿怨、一個極度的失望，都會製造出一種親近性。

結果是，單單祛除影響你案主的硬化能量是不夠的，它們的親近性還必須被改變

——自我仇恨和憤怒必須被治癒，如此案主才不會再度吸引相似的能量。光啓療程透過清潔和加快脈輪旋轉的速度，來治癒案主對這些能量的親近性，當脈輪振動的速度增加，我們會開始吸引較純潔、乾淨、有益的能量到身邊。

進行光啓療程之後、而在關閉脈輪之前，治療師會依以下的方法施行祛除。

1.以手按撫案主身體上方數吋之處，彷彿撫摸他的能量場。慢慢地，感覺它的冷或熱；溫度的變動往往表示是否有硬化能量的存在。當你感覺到某一形狀，用手環繞它，試著在腦海裡描繪它的形象。它感覺像是金屬、木頭或是石頭？避免將感覺定名，只要與那感覺在一起。

2.接著清除物體基部周圍的沈滯能量，用手指抓取這些能量，將其撥彈到地上，如此慢慢鬆開那深埋的存在體。

3.雙手按壓頭蓋骨後方的放鬆穴點，讓脈輪裡殘存的有毒能量釋放出來，雖然硬化能量的位置未必與受牽連的脈輪有直接的關係，很可能你會在腳上發現埋藏的能量，但它卻與心脈輪相關。

4.慢慢拔出存在體，緩緩將它左右搖晃，轉動鬆開。請案主將注意力放在那個部位，感覺你的動作，問他「過程是否太快？或是太慢？痛嗎？」你也可詢問他是否覺察到任何影像。

5. 光啓脈輪，以純潔的光將它籠罩，提高它的振動速率，改變它的親近性。最後關閉脈輪，與案主進行分享。

很重要的一點是，在祛除療程中須用雙手仔細撫觸和感覺，即使我是一個視覺型的人，而且能夠看見這些硬化的能量，我仍用手仔細檢查案主的發光能量場。想像你的觸覺能力提高了，能感覺到身體上一波波能量的流動。請記得皮膚可是身體上最龐大的感應器官。當我的學生們發展出此一技巧，其觸覺都因此增強。我教他們要信任自己不常使用的感官，許多人告訴我他們看不到能量，但已經練就一身敏銳的觸覺。觸摸不會受到潛意識的壓抑，所感覺到的是眞實而私密的，如此可以讓我們精確追蹤硬化的能量。

闖入的外來靈體

硬化的能量會埋在身體之內，而外來的靈體卻埋在中央神經系統中。針對外界闖入的能量和靈體，我們無法以上述介紹的技巧來祛除，那就像試圖捉取水一樣不切實際，根本就沒有辦法可以掌握。許多心理和身體的問題都肇因於外來靈體，或因外來靈體而惡化，製造出個人內心的焦慮、沮喪、癖癮、心情不定，和其他一連串症狀。被外來靈體影響的明顯徵兆就是，一個人表現出一長串性情不定的心理症狀，卻違反臨床診斷的人格類型。一旦外來靈體被釋放出來，案主便會很快改變行爲，最後自然痊癒。

外來靈體是未具備肉身的靈魂陷於現世和下個世界之間，有時，此一外來靈體竟是自己的某一個前世，由於被潛意識喚醒，而想要再活一遍，而與現下的自我競逐，以進占中央神經系統。外來靈體會黏附在脈輪上，藉由它與中央神經系統連接，它們在那兒進入與主體的寄生關係。他們是靈魂世界中眞正吸取能量的吸血鬼。

外來靈體是流動性的，他們在能量場中游動，如同黑暗的潮水，從一個脈輪游向另一脈輪，在神經系統中漫遊。它們會附著在某一特定脈輪上吸取能量，常常會顯現出強大的力量，彷彿擁有特定的人格，以致於我們相信它一定是個個體；但有些時候，它又表現得非常微弱，以致你認爲那只是個外來的能量。當一個人在心靈上保持開放、在情緒上變得極不穩定時，就很容易成爲外來靈體寄生的目標。這些未具形體的靈魂被不經意地吸引，就如飛蛾撲火一般，碰上這種情形，再多的談話諮商都沒有用，只有當這些能量被去除，復原才有可能。

任何能量都有意識，即便最基本而原始的能量都有，因此外來能量才會顯現出如人的個性。當治療師調整頻率，與之同步，便能感受到那靈體對於寄生主的憤怒、憎恨、嫉妒。有時我能分辨出兩者的不同，但也只在我已把能量釋放出來，丟入火焰中之時，而那正是清潔水晶，即祛除治療所使用的工具的方法。之後，外來靈體將再度融入大自然之中，因爲已無發光能量場能收留它。它融進樹木、石頭、泥土中，在那兒受到保護。外來靈體透過發光治療師的接引來到靈魂世界，他們協助困惑的靈魂重獲意識，回到光的世界。

人們受到外來靈體侵擾的情形遠比我們願意相信的還要多得多。外來靈體通常以兩種形式出現：一是前世的自己（某一前世的記憶從潛意識裡醒覺過來），另一是未具肉身的靈魂，滲透進我們的發光能量場。外來靈體也可能是某一死去的親戚或友人，主要來找我們尋求協助。當一個人因意外而死亡，或在醫院中昏迷，便可能迷失在現世和下一世界間的地帶。他深陷夢魘之中，無法醒過來。他並不知曉自己已死，於是來到身邊尋求安慰。我們將他帶進自己的能量場，給與安全的庇護，就如在他受傷或受難時帶他回家。他的能量與我們的混合在一起，並且開始肆意破壞我們的能量場。死去的人可能未有傷害的意圖，但其對於活著的人的依戀卻具有傷害性。有時我們會表現出與死者死前一刻所經驗到之相同的身體和情緒狀況。當我祛除能量場中的外來靈體，案主的身體和心理徵兆往往即刻消失不見。

來找我尋求治療的案主中，受到外來靈體或能量侵擾的就有四分之一之多。有些情況是，那些靈魂確實是蓄意來進行傷害之事的，或許是來自另一時空的人故意來此破壞。外來靈體透過脈輪和中央神經系統汲取能量，案主於是不再擁有滋養的能量形式；並經由其中一個脈輪附著在脊椎上，得以感受到寄生主的思想和情緒。發光能量場為去除外來的能量，必須度過艱苦的時刻。不像身體可以利用排尿、腹部蠕動、排汗、呼吸來排除無用的物質，能量場沒有出口，一旦能量進入中央神經系統，便必須用水晶來祛除。

水晶是自然界中結構最穩定的物質，它可以輕而易舉把一種能量轉換成另一種。純淨的石英是祛除外來靈體和能量最佳的工具，由於它非常穩定，因此能量很自然會被它吸引。一個三到四吋長、無瑕的雙橫斷面石英，是治療師醫藥箱裡最佳的工具。這些水晶都是從一塊近乎無瑕的澄淨石英手工切割而成，因此價錢昂貴。我通常建議學生，可能的話儘量買到最佳品質的水晶。祛除用的水晶必須乾淨、其表面完全無裂縫，這一點非常重要，因為水晶若有裂隙，能量便可能由此洩出，污染了治療師。若水晶包含了內含物、陰影、橫斷面，被吸引在內的外來靈體會感到極端的痛苦，請記得那祛除的靈體很可能是死去的親友或當事人的前世，我不希望案主受苦，同時也不會希望外來靈體受到苦難。身爲治療師，我的職責在於治療，不論外來靈體是在哪一方的靈魂世界，他們所暫時棲住的水晶必須是個舒適、可供庇護的所在，否則這些能量會抗拒祛除。

改變親近性

祛除外來靈體之後，我會協助案主改變他的親近性，如此方能不再吸引類似的能量，正如祛除硬化能量後所做的事。我們仍將藉由光啓療程來執行此一工作。尤其在此一情形下，治療師不應該只是祛除干擾的外來靈體，同時還要加以治療，我們可以幫助迷失的靈魂從夢魘中醒覺，回到靈魂世界光和愛的懷抱中。

巴西靈魂醫療協會的治療師們發現，病人之中有一半以上的人，其疾病肇因於外來靈體或能量的干擾。我的祖母死後六個月，我收到一份研究許可，前往研究這些巴西的治療師，他們每週五晚上聚集在聖保羅舉行例行的靈魂治療。他們在一名靈媒身旁圍成一圈，這名靈媒是個漂亮的婦人，膚色黝黑、年紀約三十出頭。她吸納了最近死去的所有病人的靈魂，如此才能接收到從生者傳來的治療。

祖母和我向來感情融洽，小時候，我和她在一起的時間比跟自己的母親來得長，幾個月前我還爲著她的死去而心情沮喪，也想過如果她能接受這一類的治療該有多好。

兩個小時的守護亡靈儀式之後，開始吟誦感恩的祈禱詞，然後關閉治療圈。突然間靈媒顫抖起來，又陷入恍惚，她開始用西班牙語說話，而非母語葡萄牙語。總治療師於是又重開一節治療，沒有人希望這個靈魂還持續受苦。

「我在哪裡？上帝，請幫幫我。」她以顫抖的微弱聲音說著。

這名靈媒已經化身成一名老婦人的靈魂，混亂而痛苦的說，她的嘴唇因爲用呼吸管呼吸而乾裂了，她希望我們乾脆讓她死。圈圈中一名治療師向她解釋，她已經死了，他說她如今只是暫時占據一個靈媒的軀體，同時鼓勵她去感覺靈媒的身體。

她的手下移至她的衣裳，治療師問道：「那是妳的手、妳的胸嗎？」

「不，這比較年輕……」

這具靈魂不明白她已經死了，仍以爲自己在醫院的病房裡，接著呼吸管和餵食管。她被帶來這裡等待被釋放，然而在這裡，她既不感到生的愉悅，亦不感到死的平靜，就我所聽見的，她似乎正在受苦。

就在那一刻，靈媒突然轉過來看著我，喘著氣說：「艾伯，那是你嗎？我的寶貝？求求你，幫幫我。」

聽到她的話後，我彷彿一陣暈眩，只有祖母會這麼叫我，治療師接著要她注意在場的其他人，他們在這裡都是來幫助她的。她開始呼喚她的母親、父親、丈夫——也就是我的祖父。我吃驚地說不出話來。其中一名治療師向她解釋，她現在已經離開兩個世界之間如夢魘般的地域，正逐漸走向靈魂的世界，回到光之中，她所愛的人將在那裡等著妳。在靈魂世界裡，你可以隨心所欲變成想要的年紀，因爲靈魂是沒有年齡的。那靈魂說，她的痛苦和不安似乎正慢慢遠離，她覺得自己愈來愈年輕、愈來愈強壯。

在她離開之前，她說：「謝謝你們帶我來這兒。」然後轉向我說：「艾伯，我會永遠和你在一起。」

那裡沒有一個人認識我的祖母瑪麗亞．露意莎，也不知道有關她的死。我很願意這麼想她是眞的與我在一起，而她已接受協助從這一世轉往下一世。不到一個禮拜，我已不再那麼沮喪了。後來一名治療師告訴我，由於她的困惑，祖母的靈魂曾經附著在我身上，試圖從家族中最親近的人身上找尋避難所，而我精神上的開放使她很容易在我身上找到安慰。我心中的沮喪事實上是因爲感覺到她的痛苦。

外來靈體鮮少是黑暗或邪惡的靈，卻多數是迷失的靈魂，以各種可能的方法嘗試找尋安慰，然而也有例外。偶爾你會遇到我稱爲「污穢」的東西，我們稍後將討論如何應付此一狀況。正如同我的祖母，來尋求我們協助的多數是自己的親朋好友，就經驗得知，在這個世界裡，若有愈多人求助於你，就表示也會有愈多的靈魂從另一個世界來尋求你的協助，但多數不會滲透進發光能量場。一般而言，由於我們在情緒上與之無任何關連，因此對其無親近性，萬一他們眞的滲透進來，我們便毫無招架之力了，因爲文明社會欠缺如巴西亞馬遜、西藏等等傳統文化所有與靈魂相關的各種技術。

曾經有一名巫師對我說，他相信西方人並未眞正埋葬死者。我問他怎麼會有如此荒謬可笑的想法，他回答我，我們每個人身後都有一長串的「未死者」，這些先祖都是在死之後未受到正確的哀悼，這種情形之所以發生，不是因爲我們未加以照顧，而只是不曾眞正知曉人死後靈魂的狀況、未具備這方面的常識。下一章我們將詳述此一過程。諷刺的是，當我們未對祖先做到光耀和哀悼的事，他們便繼續活在我們周邊；他們死了，卻尚有大量未完成的人間事。

祛除外來靈體和能量

光啓療程和大部分的能量治療通常都是一對一的過程，即一個治療師對一名病人，然而祛除外來靈體或能量，則除了治療師外，最好尚有兩名追蹤者從旁協助。大部分人並未有如此的便利，擁有另外兩名助手，因此都必須學習同時進行所有的步驟；滑動能量、追蹤、祛除，一次完成。藉由不斷的練習，治療師通常都能嫻熟、駕馭此一技術。進行之前，請先確定案主已先接受了光啓療程。祛除療程總共有七個步驟，約需時三十分鐘。

1. 測試外來靈體或能量
2. 在案主身上滑動能量，強迫外來靈體或能量移動
3. 追蹤外來能量或靈體在案主身上的位置
4. 祛除能量或靈體
5. 與案主分享
6. 進行光啓療程，改變親近性，完成治療
7. 確實潔淨水晶，釋放出能量或靈體

1. 測試外來靈體或能量

運用第七章所介紹的肌力測試來確知是否有外來靈體或能量入侵。我通常要案主站起來，把他的雙手扣在一起，握住他的手臂，使其與地面平行。然後用右手在他的腕上施加壓力，試圖壓下手臂，但要他盡力抵抗。受試者在過程中表現的反抗強度，可作爲衡量其發光能量場狀況的基準點。

2. 在案主身上滑動能量，強迫外來靈體或能量移動

站在案主身後，以你慣常使用的手置於他的脊椎底部，即尾骶骨上，另一隻手放在其頸下。由於我慣用右手，因此右手放在尾骶骨上，左手則放在頸下，左撇子的人則剛好相反。滑動能量於兩手之間，由底部往上。我想像紅色而溫熱的能量在案主的脊柱上流動。如此滑動數分鐘，直到感覺能量流進你置於頸下的手掌之中。此一滾燙的能量會暫時把附著在脊髓上的外來靈體或能量逐出。

當你感覺能量的流動強而有力，重新再做一遍測試。假使案主的力量比之原來的基準點相差不遠或甚至更強，便表示無任何外來靈體或能量侵擾，也無須祛除，但若其反

抗力明顯在基準以下，進行袪除治療便是無庸置疑的了。當外來靈體或能量從中央神經系統逐出，發光能量場的強度會瞬間崩潰，身體的力量也會短暫消失，當身體內沒有外來能量的侵擾，發光能量場的能量會因治療師在其神經系統上的滑動而增強。

3.追蹤外來能量或靈體在案主身上的位置

若治療師有另外兩名助手，那麼工作的分配是：治療師負責袪除，一名助手專注於追蹤、尋找，另一人滑動能量。滑動能量的那個人在測試過程和眞正的袪除療程中將能量沿著脊柱上送，追蹤者則負責監測外來靈體或能量的位置。由於能量是流動的，它可能會移動到不同的脈輪，沿著脊柱上下游走。此時治療師需要一個專用於袪除治療的水晶，水晶必須是雙橫斷面、質地純淨，理想上約三到四吋長。

追蹤者站在案主身旁，一手放在其肩上，另一手放在其腰部。滑動能量的人開始在脊柱上作功，治療師則站在案主前方，面向案主。案主的雙手自然懸垂於兩側。治療師一手握住水晶，然後把案主的雙手握在手中，上下搖晃，同時對著外來能量調整頻率。治療師務必從容以對，不斷深呼吸來維持平靜和專注，他並要求案主報告任何覺知到的感覺和影像。

4. 祛除能量或靈體

在脊柱上滑動能量之後，眞正的祛除療程必須在一開始的三到四分鐘內進行，搶在外來能量再度附著於脊柱之前完成。治療師持續晃動案主的手，開始把外來能量吸進自己的手掌，他等待滑動能量的人給他一個訊號，告知脊柱上流動的能量變強了。然後追蹤者會告訴他闖入者的位置。當外來能量在脊柱上被追趕，追蹤者於是監測到它的位置，這時它可能繼續移動到另一脈輪，或者企圖躲進案主體內，通常外來物都知曉自己正要被祛除，因此會極盡所能緊抓住寄生主。追蹤者監測到所有過程，將位置和強度告知治療師。

身爲祛除治療師，我的工作在把外來靈體誘騙出來。我明白他飽受驚嚇且滿心困惑，我會默默與他對話，有時則對他大聲說話，告訴他他將到達安全的地方、受到照料、不再受苦，一切都會安然無恙。我告訴他我是來這裡協助他療癒的，並且再三向他保證不會傷害他。通常我會以對小孩說話的語氣來對闖入的靈體說話，我了解他的苦難，並且想要幫助他減輕痛苦。當我哄騙他出來，就會感覺一股能量溜進我的前臂，但我不會讓他進到手肘以上的部位（即便治療師對此一能量不具親近性，他仍會影響發光能量場），一旦我感覺他滑出案主的身體，我便即刻用水晶將它吸進。

某些時候，闖入者會拒絕離開他的寄生主，有些時候則是案主自己不願讓外來靈體離去，他在潛意識裡認出那是他摯愛的親人，或者是自己的前世，因此不願讓他走。遇到此一情形，我會使出「驚嚇」的招數。我要案主從二十倒數數目字，或者反過來念誦二十六個英文字母，任何可使其理智分心的事。我一感覺能量移動至前臂，便出聲喝斥，猛然闔起手掌，把能量囚禁在水晶之中。然後我詢問追蹤者的觀察，確認祛除是否完全？他是否從別的通道逃離？是否有另外的闖入者？治療師可能會想再做一次肌力測試，以確認祛除成功。

克萊兒是一名加拿大的護士，她也來到我的發光能量治療學校上課。有一天她要求我在她身上示範祛除療程，我不願意，因爲並未覺察她有任何問題。克萊兒是個個性平衡的人，已婚，擁有兩個小孩，看來生活中沒有一樣不滿足，我只想在某個疑已遭外來能量入侵的人身上作示範。然而她非常堅持，最後我還是答應了，且出乎意料的是，測試結果竟呈陽性的反應。當我開始爲她祛除，她的身體顫抖起來，膝蓋變得柔弱無力，在她身後負責滑動能量的助手必須緊抓住她，才能使她站好，她就像個布娃娃一般，毫無氣力。我爲她引出能量，克萊兒突然直起身子大叫：「不！我就知道這其中必有詐！」接著她身體踡曲，開始不自主地啜泣，我感覺一股黑暗而不快的能量滑進我的前臂，於是大吼一聲，將它囚入水晶之中。克萊兒頓時跌坐在地。

療程之後，她的臉色全變了。克萊兒向課堂上眾人解釋，她的父親四年前過世，從那時起，她便覺得自己彷彿一直背負著他。祛除之後，她覺得筋疲力竭，必須躺下休息，直到傍晚我們將闖入的靈體於火中釋放。我請克萊兒向父親致上最後的告別，事實上我並不確知那祛除的能量是否確實是她的父親，我只是信賴克萊兒自己的直覺，假想她是對的，我明白對她而言，與死去的父親做一終結是多麼重要。

克萊兒把水晶捧握在手中，反覆轉動它，輕聲對它說話，告訴爹地她多麼想念他，卻從未曾眞正了解他，以及感謝他所給與她的快樂童年，然後我們將他釋放。我注意到火焰周圍的空間突然變得光采耀眼，一陣溫煦的風飄過沁涼的夜空。這兩項徵兆向我顯示兩世界間的空間已經開啓，我感覺得到在靈魂世界彼端出現一群發光的巫師，他們到來，協助這名受苦的靈魂。此一闖入的靈體最終被愛所接納，接引回家。

克萊兒花了一星期時間才恢復體力，這段期間，她覺得一股喜悅之感又回到心中，那是自從父親死後就不再有的暢快感覺。

假使治療師欠缺助手，那麼他便需要獨力完成所有的工作。當能量開始在脊柱上流動，他要即刻移步到案主面前進行袪除，此刻正是要特別留意之時，因爲追蹤和袪除要同步完成。我專注於皮膚上的觸覺，如此方能感受到能量滑入手臂，然後成功將其囚入水晶。我持續和案主及闖入的能量對話，以便在他四處移動的當頭，追蹤其所在之處。治療師可以學習到同時進行這些工作，但需要多次的練習，而且極爲耗神費力。我通常讓學生們三個爲一組，分別教導這三項技術，然後當他們必須獨自進行袪除時，便能加以綜合連貫。然而，若我發現闖入的靈體或能量屬於「頑強污穢」一類，除非一場激烈搏鬥否則不會自行滑出的，我還是會召請另外兩名治療師協助，一名負責滑動能量，另一名追蹤。

5. 與案主分享

當我在追蹤能量時，通常會向案主描述我所覺察到的，及任何此一能量所傳遞的訊息。一般而言，我會問闖入靈體或能量：你從哪裡來？你和案主在一起多久了？是什麼吸引你來到此？你要他做什麼？學生們有時會問我，如何能與能量對話，難道能量有聲音嗎？對巫師而言，自然界中每一樣東西都有聲音，包括河流、樹木、能量。同時我也想知道案主到底感覺到什麼，他現在的感受如何？他覺得自己身上對此一闖入者有何親近性？他爲何優先被靈體吸引？爲防止未來類似的情形發生，我們該做什麼？

6.進行光啓療程，改變親近性，完成治療

祛除治療之後應當進行第二次的光啓治療，以改變案主身上對此一能量或靈體的親近性，如此方是治療的完成。假使身上的親近性未改變，另一闖入者將又會找上他。祛除療程有點像是離婚，你盡可把過往的一切拋開，但若未改變親近性，最後你又會與類似性格的人結婚。人們和闖入者之間並沒有所謂的妥協，人絕不可能與另一能量共存，對於闖入的能量而言，他只有一個人性化而安全的出路——自然，即靈的世界。當闖入的靈體是亟需協助的摯愛親人，我會問案主，他和這位親友之間是否尙有未解決的事件，以使雙方同時獲得療癒。我將協助他發現自己在此齣戲中的角色，而他爲何會是此一角色的第一人選；這是說出「我愛你」以及「我原諒你」的時候。一旦親近性改變，案主未來將不再受到侵擾。

7.確實潔淨水晶，釋放出能量和靈體

案主須伴同治療師以火潔淨水晶。首先我會問案主，他是否已準備好讓闖入者離開，然後邀請他以所有他認爲必要的方式與之道別，感謝他爲自己帶來的一課，不論這經驗多麼痛苦。我在治療室裡燃起一爐火，那是一支銅碗，裡面放了瀉鹽和一些擦拭用酒精。我指示學生，須事先檢查所用的金屬碗沒有任何接合線或裂縫，因爲熱會使得有裂縫的碗斷裂。我發現大尺寸、沒有裂縫的鋁碗也相當不錯。

於碗中倒入瀉鹽約一吋深，再倒入一盎司的擦拭用酒精，小心點燃，此法會燃起相當高溫的火焰，足可燃燒三分鐘。一旦火已燃燒，勿再加入酒精，等待火焰熄滅、銅碗完全冷卻之後，才可再點燃。酒精所燃起的火焰溫度非常熱，在大白天裡不易看見，因此我通常把治療室的燈光關小，以便將水晶過火時看得見火焰。

在進行此一步驟時，請格外留神，因爲很容易會被燙著。傳統的治療師往往用烽火，在晚間戶外的場地中進行。他們開啓神聖空間，召喚所有需要治療的靈魂到來，然後在火邊烘暖雙手，接受所有需要的照顧。案主則被指示準備一隻死亡之箭——一隻小竹棒，案主在上面象徵性地刻或畫上自己身上必須死去的部分，譬如性格特徵、症狀、

不再有用的行爲等等，對竹棒祈禱之後，將它丟入火中。你也可以依俗在後院或壁爐裡生火，來潔淨水晶。值得注意的是，水晶必須確實從火焰中經過。通常我會讓水晶過火三次，然後讓案主站在我身邊，一起面向南方。我朝向南方，對水晶吹氣，然後向西方、北方、東方。最後我用乾淨的冷水清洗水晶。當你把水晶伸入火焰中時，外來能量或靈體會感覺到火炙的熱氣，火會將水晶中的能量逐出，就在此刻，我會看見那究竟是能量抑或靈體。若是靈體，他會受到來自靈魂世界的發光治療師的接引，若是能量，則會被火焰吞噬燃燒，其光和熱將釋放到自然之中。

我曾經目睹一名叢林巫師在祛除闖入的靈體後，將水晶靠近火焰，讓闖入的靈體接受高熱的炙烤。那名巫師認爲此一闖入者是受到某一敵對巫師的支使，來傷害其案主的，所以故意要讓他受到火烤的教訓。我們並不做此事，火焰的功能在於釋放靈體，使其回到靈的世界，這個目標只在靈體得到平靜時方能達成。

偶爾你會發現某一闖入的靈體隱藏在某闖入的能量之下。當我完成祛除之後，案主對肌力測試的反應應是強而有力，但若結果竟相反，我會回頭再追蹤一遍，泰瑞絲就是這樣的情形。

泰瑞絲來到發光能量治療學校報名上課時，仍是辛辛那堤一所天主教會的俗家牧師。那一次，我們決定到位於納瓦荷族保留區內的雀利峽谷國家公園舉行最後一堂訓練課程。多年來泰瑞絲覺得自己受到教會的刻意蔑視，每個人都看得出她是集會當中單一薄弱的勢力。由於是女性，雖然泰瑞絲是天主教徒，卻未擁有如神父的任何權力和特權來主持宗教儀式，不論曾經受過多少神學上的正規訓練。根據天主教規，她只被允許在神父主持集會之前做一簡短的開場白，她覺得自己總體而言是女性，在教會之中被當作次等公民。

我們被三千呎高的紅岩石牆包圍，峭壁上布滿古時阿納薩齊的石窟洞穴。我要一名學生在泰瑞絲的背脊上滑動能量，另外兩名追蹤者監測外來能量的位置和移動。滑動能量數分鐘之後，追蹤的人報告他們發現一團暗黑的東西在發光能量場內跳彈。那看起來像是黑色的慧星從她的體內升起。我執起泰瑞絲的雙手，閉上眼睛，想像此一能量。慢慢地，其指縫間的能量被吸出、捕捉入水晶之中。此一能量並未表現出強烈的反抗，那暗黑的雲團流入水晶，安全地被包圍在內。

追蹤者報告，暗黑的雲團不見了，隨後我們再爲泰瑞絲測試。她在方才的祛除療程裡說到沒有任何特別的感覺，而現在她覺得噁心。令我們驚訝的是，測試反應極其微弱，她幾乎無法把手舉起。我請助手再度滑動能量，我則檢查她的發光能量場，我看見一名男子身著一般天主教神父所穿的黑色長袍，腦中出現一句句對話，彷彿他在笑，並說她是我的，如果你認爲可以帶走她，那得要肉搏一場。似乎我的大腦聽得到這些話，並感覺得出語中的恨意和尖刻。

一個闖入的靈體挾藏在闖入的能量之下，我向泰瑞絲描述我所見。她有一種感覺，此人在遙遠的過去曾經使她的生命變得災難連連。她看見自己因爲卓越才智而遭受到懲罰，被教會認定是重大威脅。這名男子不但在其身體上施加凌虐，還使其爲他受苦，他的意志精神持續蹂躪著泰瑞絲。一旦他在她的體內，便如磁石般緊緊將其吸附，以同樣的破壞性涉入她一切的生活。事實上，她此生再度具現其過往與教會之間的磨擦。她仍舊被視爲一大威脅，只是今天，折磨的方式更多樣而細微，包括羞辱、懲罰、剝奪權力等等。

這就是一個眞正「污穢」的靈體，他認爲自己擁有泰瑞絲，並經由第三脈輪吸取她的能量。寄生的靈體認爲自己占有其主人的情形並非不尋常，他纏住主人的脊柱，用黑暗能量的卷鬚包覆住自脊髓伸展出的神經網，他的自我認同完全與主人的混雜交織。

每一闖入的外來靈體都正遭受苦難，亟需治療，在我初次學習祛除治療時，我偶爾會期待遇見「污穢」的靈體，將他視為技巧的磨練，現在我慢慢能夠理解，人們應當寬容這些靈體，不論其多麼邪惡，因為他們同樣是來尋求療癒的。當我們安全將他送達靈魂世界的發光治療師那兒，他們會回報以感謝和愛，有時甚至在一次艱鉅的祛除療程裡，回報以協助。

我握住泰瑞絲的雙手，試圖哄騙他出來，與其作無聲的溝通，讓他知曉我在這是為幫助他終結苦難。闖入者絲毫不為所動，他照舊譏諷地狂笑。就在此時，泰瑞絲的膝蓋曲起，在她身後的追蹤者必須奮力支撐她的重量，她的氣力全不見了，感覺自己隨時都要生病。我問闖入者究竟欲向泰瑞絲需索什麼，他回答，他恨她，以及所有她代表的一切——女性、勇氣、風骨。

我向她解釋他可以在自己身上發現這些特質，如果他願意接受治療的話。闖入者又笑了，然後我感到一陣噁心，頭部開始暈眩，嘴裡湧出金屬的味道，我要泰瑞絲從二十倒數，當她數到一半時，我大聲吆喝，將闖入者猛然拉出，泰瑞絲應聲倒地，我的噁心之感也頓時散逸，手中的水晶霎時溫熱起來，在掌間不住抖動。

我將水晶傳給其他人，讓他們感受其間的能量；每個人都感覺得到水晶所傳出的熱度和強烈振動。在祛除之後，必須將水晶立起來，注意勿將兩端銳尖的部分指向你，因爲有時能量或靈體會再度逃離，若你的身體對他有親近性，他便會藉此進入你身上的脈輪，於是下一個需要祛除治療的就是你了。我提醒學生，初學此一療程時，他們很可能會無意識被吸引去和另一名學生合作，治療有相似心理問題的人，而那闖入的靈體或能量很可能只是換一個主人，離開他原來的寄生主，而重新落腳在治療師身上。

我把水晶遞給泰瑞絲，她正坐在地上啜泣。

「這是我一輩子的戰鬥，」她說。「我總是覺得自己生錯了性別。」

我問泰瑞絲她準備如何處理這名闖入者。

「我想要把他放在火上，讓他受到刑烤，讓他感受一下這些年來他加諸我身上的痛苦。」

我要泰瑞絲在接下來的數天攜帶著水晶，仔細深思她從闖入者身上獲得什麼；闖入的能量或靈體往往能爲其主人帶來附加的利益，有時是一種目標感、一個奮戰的理由，或是一面扭曲的鏡子，反照出自我的面目。兩天後，泰瑞絲告訴我，她領悟到這闖入者對她的意義，他是她對國教會憤怒的來源，就許多面而言，也是對男性憎恨的來源。此一憤恨使她獲得力量獨力撫養兩個女兒，並且不斷在情緒上支持著會眾裡的婦女。她已準備好原諒他，謝謝他所帶來這有價值的一課。假使泰瑞絲嘗試經由傳統的心理諮商來獲得治療，她極有可能會達成同樣的領悟和理解，然而領悟並不等於改變，那闖入的靈體仍可能舒服地躺臥在泰瑞絲的能量場內。

那天傍晚，我們升起熊熊的營火，邀請峽谷區的原住民前來參與我們的儀式。我要泰瑞絲和我一同走到營火旁，向此一與她長久相伴的闖入者告別。她已準備好寬恕他，讓他重獲自由。我讓水晶過火三次，然後面向南方朝其吹氣。我們感覺到一團光球自水晶上方升起，在場的每一個人皆感覺到眾靈從天境降臨，正接引這名受傷的靈魂。他們輕擁著他，如同母親對小孩的呵護，領著他走向光的盡頭。從那時起，泰瑞絲便成爲才華洋溢的治療師，是教區裡知名的掌禮者，她離開了國教會，時常應邀主持婚禮和其他儀式。

第9章
死亡紀事

巴士在泥土路和一條乾涸的河床交叉處停下，我們下了車，從這裡到艾維何(El Viejo)的家，尚須整整兩天的步行。艾維何是安東尼歐的老師，現年九十歲，安東尼歐近來提到，老先生即將不久人世，所有他的學生都將回來，陪伴他離去。安東尼歐邀請我和他一道前往。我只帶了些必需的裝備：帳篷、睡袋、濾水壺、乾糧和一個戶外用的瓦斯爐，全部塞進背包裡。安東尼歐看到我那一袋「最基本的必需品」，笑了出來，他自己則是帶了毛氈外套及一小袋「其諾」(quinoa)，那是印加人數個世紀前開始栽種的一種穀類。沒有背包、沒有睡袋，肩膀上完全無負擔。

我們是最後抵達的。艾維何躺在屋子中央鋪了毛皮的舁床上，茅屋由泥塊和石頭搭成，到處點了蠟燭，空氣中瀰漫著濃烈的蠟香氣。落日的最後幾道餘暉從窗戶透進來，憑著微亮的光線，我看見數個男人和女人飽經風霜的棕色臉龐，他們聚在一塊，每個人都穿了毛氈外套（南美洲人所穿、由一塊布做成的外套），有些人裡面穿了襯衫和毛衣，有些人則穿著手工織縫、有著他們村莊獨特花樣的衣服。他們的年紀大都在五、六十歲，其中一名男子（當中最年輕的）在角落裡吹著竹笛。每個人都帶來了禮物——鮮花、療癒石、儀式用的飲水器皿等等。

那個傍晚，老先生就要走了。我坐在角落吹著竹笛的先生旁邊，不想引起任何注意，但安東尼歐拋來一個眼神，示意我走上前去，到老先生的身旁。他握著艾維何的手，我看見老先生臉上慈祥、無懼的表情，那是我從來沒看過的。老先生點了點頭，安東尼歐指示我可以回到角落去。

每一個學生輪流上前親吻了老者，他則給他們每個人一顆祭壇上的石頭，和一個祝福。他給安東尼歐的是個光芒耀眼的東西，我後來發現那是一個金色的貓頭鷹，很古老、帶著前哥倫比亞時期的味道，很可能是由老師一代一代傳給學生的。然後他吃力地吸了最後一口氣，安祥和平靜掩上他的身軀。當他吐氣時，我的老師把嘴唇輕壓在老者的唇上，接納他的最後一口氣，然後轉向他身旁的女子，把唇對上她的，就這樣，艾維何的氣息被學生們嘴對嘴地在屋內傳送，有人打開窗户，最後一個人接過老先生的氣息，朝著落日的方向釋放。
艾維何自由了。

——手札

生命隨最後一口氣結束，正如它隨第一個呼吸開始。我們之中有許多人從小被灌輸一種觀念：人死之後，如果是好人，就會上天堂，若是壞人，就會下地獄。天堂和地獄的觀念事實上只屬於歐洲人，對巫師而言，宇宙間並未存在一個超自然的天堂，卻只有自然的世界，它分爲可見和不可見的領域，在這之中則是靈魂的世界。而且，宇宙間也沒有一個明確獨立的邪惡原則，反而是，我們生活在一個慈悲的宇宙，它總是心繫個人的福祉。邪惡只存在於人們的心中，而不是存在於外、使人們必須加以防衛的掠奪性力量。當傳教士述說地獄的可怕，印第安人卻問他那地方到底在哪裡。神父回答，它不在這肉眼可見的世界，他所能想出能夠描述其位置的最恰當譬喻，就是向下指著地面。這個回答讓美洲原住民困惑極了，因爲就他們所知，所有生命皆從土地而出。

當軀體回歸土地，靈魂將啓程往赴回歸的偉大旅程。肉體關閉之後，由中央神經系統發散出的電磁場消失了，發光能量場也從其原先的主人身上釋出，此時，能量場會形成一個半透明如蛋狀的光體，身體上的七個脈輪皆被包裹在內，這些脈輪在人死後的最初數個小時之內，會繼續閃爍如光點。如一切進行得順利，此一發光的球體——個體的靈魂或精髓——會在發光身體的軸線上遊走，以便再度與靈合一。一旦能量場從肉體上解脫開來，這個過程會以很快的速度發生，能量場的外圍會慢慢從自身的中心軸所形成的洞口擠出，如同甜甜圈從自己中心的圓洞鑽出。

如果死者在死之後仍保有清楚的意識，便能順利進入光的世界，我的導師把此光的形態比喻成黎明的曙光劃破陰霾的早晨——一個初始的純潔狀態，廣大無垠，無法以言語形容。身體死亡之後，因感官崩解而形成的黑暗會漸漸退去，同時被靈所四射的光芒驅散。

上亞馬遜地區的華奇佩兒族人（Huachipayre）相信，當他們吃下「阿亞華司卡」這種能使人產生幻覺、被該族人視為神聖的植物，便能遊歷死後的境界。在這儀式之中，他們通常會經驗到自己死亡的可怕情景，某些人甚至敘述到自己被美洲豹吃掉，或者被巨蟒吞噬。有一次我參與他們的儀式，覺得自己的臉被一隻碩大的老鷹啄食，每一次牠的巨喙撕開我的肉，我便感到強烈的刺痛，許多古代的入教儀式，如埃及、希臘、敘利亞，都包括通過類似的象徵死亡的過程，藉此擺脫對肉體自我的認同。

在跟從亞馬遜巫師學習的期間，我體驗了一次紛亂而糾結的死亡儀式，使我最終脫卻自我的認同。呑服了「阿亞華司卡」之後，我面臨前所未有的驚嚇，各種想像得到的惡魔出現在眼前。肉身以一百種不同的方法死去，然後我被一道白光吸入，從此不再與之分開。這幾年，我數次回到亞馬遜，跟隨「阿亞華司卡」的巫師們工作，有一天我終於發現，其實人們並非一定要經歷恐怖之後，才能到達無限的光的世界。那天傍晚，安東尼歐對我說：「死亡不再棲住你的心裡面，你已經將它袪退了，永遠都不會受到它的要脅。」

我的導師努力了一輩子，就爲了踏上這一旅程。在他過世前不久，有一次他向我解釋，由於身爲巫師，他的死亡之旅將如何與一般尚未準備好面對死亡的人有所不同。他完全期待自己死去的剎那、當靈之光降臨時，能立即獲得自由。他說明，在那一刻，你會看到乍現的光芒，彷彿置身在世界之巔，你比山還高，不僅僅燦爛的曙光在身外閃耀，同時你還感覺太陽從腹中升起，萬物在你之中翻騰。你領悟到自己與曙光是合一的，你向周圍的光亮臣服，被它包圍，並且與之合爲一體。在這一階段，你會遇見發光的個體，也就是靈魂世界的巫師，他們將協助你臣服於光之中。根據印加人的傳說，每個人都是星辰的旅者，當越過死亡這一點後，我們可以重新踏上悠遊銀河的偉大旅程。

意識的醒覺

假使一個人辨認不出曙光正是自己意識的醒覺，太陽就會繼續以千百萬眩目的色彩升起，自然界的一切又栩栩如生，顫動著聲與光，彷彿萬物出生的第一天又重新上演。在這一階段，大自然的力量以其純粹的精髓具現，原本一體的宇宙已分解成眾生。水以流動的光呈現；土地以光呈現；一切元素都以光的性質呈現，融匯成能量之球。在此一階段，我們擁有第二次機會辨認出自我發光的本質，發覺自己原來是與身旁眩目的光和能量合而爲一。窮畢生的經歷就爲了體驗此一刻的巫師，可以透過死亡最初兩個階段之中對意識的完全釋放，而獲得自由。其他人則可以經驗到瞬間的開悟，之後又滑落至無意識的狀態。對他們而言，這個過程像一道眩目的閃光般快速，他們甚至不知道自己已經歷過。

死亡的暴風雨來得如此驟烈，使得大多數的人根本未意識到，而直到第三階段才醒覺過來。此時他們察覺到自己仍擁有形體，是一個男人或女人，而且可以回復年輕，不受疾病的侵犯。但是意識的黎明已過，如今正處在半明半暗的朦朧之中，色彩一點也不鮮明銳利，雖然意識已經大大增強。每一尋常的感官之間不再是分離的，因爲能夠同時感覺到整體，身旁的一切皆栩栩如生。在此一階段，我們全觀地回顧自我的生命，曾經做的每一件事、每一個行爲、說的每一句話，都呈現在眼前，都會被記錄。

經過「生命回顧」的階段之後，接下來將遇見所有在我們之前死去的人，包括父母親、朋友，以及我們曾經傷害和未善加對待的人。我的導師向我解釋，此一境域包含各種不同的層次，每一層的振動頻率皆比其下一層的高，下面層次非常濃稠，與石頭族和植物族相關。深陷在下層境域的人正在黑暗中經歷洗滌和淨化，在那裡，他們缺乏眼睛觀看，也沒有手可以觸摸，只能模糊地感覺他人的存在。這裡就是人類之中留戀現世的境域（雖然它們對石頭族而言是完美的地方），在此的人們將重新體驗痛苦和災難。較高層次的境域則滿溢著歡樂和祥和，人們會再度與所愛的親人歡聚，沐浴在靈的光芒之中，直到下一輪迴。人們會依其對生命的態度，自然地被某一層次的境域吸引，我們看得見在下面層次的人，但無法被他們看到，而且只能和同一層次的人交談和互動。第四層是我們靈魂的家，我們將在那裡遇見祖先和家人。

第五層屬於發光靈體的領域，他們爲協助人類而奉獻己力。修練成功而能夠駕馭死後旅程的巫師，都將回到這裡。很久以前，當巫師的死亡儀式初次被發展出來，達到這個層次仍舊是很困難的，但如今已變得容易得多，因爲先我們而到、背負勇氣的男男女女們已在路徑上燃起光亮。赫必族和印加族的預言都描述到，我們身處的星球將全部融入第五世界之中。他們提到我們最終都將進入天使的境域，安東尼歐曾經告訴我：「我們來到此，不僅是爲了種種玉米，也是爲了養育出更多的神。」我深信他正是此意。

人死亡的那一刻，一種不尋常的現象發生了。當神經的活動停止，大腦關閉，一扇門在維度空間鄰接之處開啓，兩個世界間的薄紗拉開了，死去之人因而得以進入靈的世界。人若是在人世間尚有未完成的志業，便無法輕易踏進這扇門，聖經中有關駱駝通過針之眼，較富人進入天堂來得容易的寓言，同樣闡述了只顧滿足物質欲望而忽略心靈追求的人所遇到的困難。

我們無法將人世間的身分帶進死後的世界，而一個人背負沈重的情緒包袱，亦仍會受到人世的束縛和牽絆。這一靈魂只要一到達世界的彼端，就必須通過一個徹底而全面的「人生回顧」的關卡，某些曾有瀕死經驗的人都會回想起，當時彷彿對生命獲得了全觀的看法——一個詳細而包含廣泛的審判日——雖然那體驗的發生不過是人世中數分鐘的時間而已。當這一靈魂尚未回到軀體，生命回顧的時間彷彿經歷了好幾年，因爲在此刻，其發光能量場中的有毒能量必須在空氣非常稀少的情形下燃燒，使得清除工作的進行特別費力而困難。

死亡之後，發光能量場從肉身解脫出來。將能量場繫於肉身的是兩股力量：第一是神經系統所製造出來的電磁場，當大腦中的電波活動停止，電磁場的強度下降至零，將能量場繫於肉體的基本電磁力於是瓦解；第二是脈輪，它們使能量場更加繫牢於脊椎外圍。在最後的儀式裡，我們會開啓身體上的七個脈輪，使能量場與肉體分離，然後將脈輪封起來，如此靈魂才不致又附著上肉體。當我們把脈輪從身體上解開來，我們便回到土地，那永遠屬於自然的地方，及天上——一直以來屬於靈的地方。

跟隨導師學習的期間，我有好幾次機會回家參加葬禮，而觀察到辭世者的發光能量場。每一次我都發現，死者的能量場依舊與屍身的肚子部位相連。幾天後，我拜訪墓地，發現能量場仍盤旋在墓的上方，與那已逐漸腐朽、不再是他的家的肉身相連。就在死之前，兩世界當中的門打開了，我所師從的巫師認爲，這扇門會在人死後四十個小時關閉，此時靈魂就會在活著的人經常前往贖罪的地方遊蕩。

平靜迎接死亡時刻

我總是覺得人們應該被允許在自家中迎接死亡，因爲那裡是他們最熟悉、也是感覺最舒適的地方。然而對現代人而言，在家中死去已不是那麼普遍，大部分的死亡都在醫院發生，許多醫生、護士和我們其他人一樣，對於死都感到相當茫然、不知所措，但卻因必須天天面對死亡，而早已變得厭倦麻木。最好先確定醫院的醫護人員都明白並能尊重臨終者和其家屬的意願。若醫院的人員未收到臨終者或其家屬的明確指示，他們便必須採取任何可能的方法來延長其壽命。此一法律的規定，是爲保護醫院免受可能的法律訴訟，而非確保臨終者或其家人的生命品質。

若你的親人是在醫院當中，而你知道已經沒有任何醫療方法可以挽救了，那麼請求給與一個私密的空間，拔掉所有醫療儀器和接管。請確定他的心電圖上明確顯示他不願被喚醒，或採取特殊手段來使他活過來。家人親手寫下的指示和靜默的堅定能讓醫護人員明白，任何英雄式的行爲已無必要。

當一個人正處於最後的階段，請求院方除了保留止痛的醫療行爲外，停止所有外力介入的注射或手段，外力介入的醫療行爲可能導致他產生痛苦、憤怒和混亂。假使你是他最親近的人，你便有權利要求醫師，僅施行足夠的醫療以減輕痛苦，但不致過多而使親人陷入無意識的狀態。

人們應被允許安靜地死去，安寧的死是我們給與至親的人最珍貴的禮物。病床上的人此刻的意識大爲提高，尤其聽覺會變得特別靈敏，任何微細的噪音都會被擴大，導致他的不安和困惑，因此儘量讓此一困難的傳達愈溫柔愈好。在他即將離去之時，你們所處的房間最好如一座安靜的廟堂，充滿關愛的，並且經常與之說話。萬一親人已昏迷，或甚至已經停止呼吸，他的靈魂仍可以聽見你的聲音，你的愛能夠傳達到你所無法想像的空間裡。

一旦親人停止呼吸，靜靜地，勿讓其身體受到任何干擾，維持那樣的狀態愈久愈好。通常這在醫院裡是很難做到的事，但運用一些方法和創意，你可以製造出至少數小時的安靜。此時死者的發光能量場會開始源源不絕湧出，鬆開與脈輪的連結，而膨脹成旋轉的能量，然後劇烈地向身體內部收縮，但卻無法再驅使身體。依據西藏的習俗，人們須守護死者的身體三天三夜，但院方通常規定，身體不能在未施予防腐藥物的情形下，留存如此長的時間，這就是爲何以下的步驟顯得特別重要的原因。

我的父親過世時，我感覺他的能量場即使已從身體上解脫出來，卻仍浮在空中兩天之久，直到葬禮儀式完成。我的母親在自家附近的小教堂安排了一個簡單的儀式，儀式末了，我感覺一陣微風飄過祭壇，覺得父親挾著一道迅疾的光離去。一小時後我們到達墓地，棺木裡已感覺不到任何能量。

死亡儀式

我從羅拉女士身上學到以下的技巧，她不但是安地斯山區極具天賦的接生婆和巫師，同時還致力於修練自身的功夫，來引導人們通往靈的世界。我和她的另一名學生只要一有機會，就會協助她進行這項工作。大約二十年前，有一次，我發現到這項工作多麼重要。

管家接到有人過世的消息，羅拉女士立刻要我和胡安到城裡實地見習。這是我第二次參與他人死亡的旅程，而我並不期盼坐上破舊的老爺車，沿著安地斯高山上塵埃滿布的公路，長途跋涉到庫斯科。參與葬禮的是一個年約十八、九歲的青少年，他正彎身清掃人群在白天裡帶進來的泥沙，現在已接近半夜，參與儀式的人如今只剩下兩個。當兩名婦人之中較年長的一位把黑色披肩往肩上一甩，走出門時順道給了男孩一枚硬幣時，胡安和我留神地注視。

我讓胡安去說明來意，半晌後，男孩領我們到房裡，在那兒，死者躺在一個簡單的木箱裡，上面刻著上帝的祈禱文。男孩點了點頭後，闔上房門。我的夥伴從背包裡取出三隻蜜蠟燭，放在木箱四周。我們退後六步，坐回椅子上，開始運用第二覺知的技巧。我們一開始不久，胡安便壓低嗓音尖叫，我差點嚇得從椅子上跌出，我從未在葬禮上覺得舒適過，假藉遠親的名義偷偷進到別人家中，讓我覺得非常彆扭。

「看，」他說。我努力朝棺木的方向看，卻只看見搖曳的燭光。「你看它如何在木箱上閃爍！」胡安很容易變得興奮，我開始有些氣惱，因為我什麼也沒看見。我站起來，走近開啓的木箱旁朝裡看，期待看到的是一名老者，就像前一次經驗所看到的一樣，然而，我所看見的卻是一個年齡不到十二歲的印第安女孩，臉頰上還塗著胭脂，身穿一件嶄新的紅色衣裳。我的眼淚立時奪眶而出，我在棺木旁的長板凳上跪下，盡我所能的為她祈禱。

「我們走吧。」我說著，走回胡安身旁。我轉身，看見她的能量場，一個金色的球體盤旋在開啓的木箱上方，球體的底部仍舊連接到軀體上，似有一條繩索黏附在心和肚子之間某個部位。「你看到了嗎？」我問胡安。「當然。」他說。「我們該怎麼辦？」我問。「什麼也別做。」他回答。他提醒我，安東尼歐說得很明白，我們只是來看那離去的能量場，頂多為死者吟誦祈禱，如果想這麼做的話。

在前一次的死亡探索經驗裡，胡安和我跟隨死者的隊伍到達墓地，我們在那兒清楚看見死者的發光能量場從土地裡伸出來，與肉體相連。羅拉向我們解釋，當一個人無意識地死去，就很可能困在兩個世界之間，不明白自己已死，因而能量場仍舊黏附在已無生命的軀體上，她說，巫師將協助他從肉體上解脫。

我再三懇求後，胡安答應了，我們願為她的自由努力一試。胡安在她嬌小的身軀上方工作，切斷能量場與每一脈輪的連結，我則保持跪姿。幾分鐘之後，我們退後幾步觀察，能量場如今形成一個球體，在軀體上方振動著、閃爍著光芒，彷彿有她自己的心跳。我們互相點了點頭，感到很高興，她的靈魂自由了。

我們回到老師家時，發現他正坐在餐桌旁，就著燭光與羅拉女士輕聲交談。我們一走進房間，他們便馬上轉過來問我們做了什麼。「沒什麼。」我們異口同聲地回答。「只不過，離開喪家之後去喝了杯啤酒。」我解釋，深知安東尼歐對於喝酒一事非常嚴格。「那不要緊，」他說。然後羅拉女士問道：「你們把誰帶回來了？」那小女孩的靈魂尾隨我們回家，安東尼歐和羅拉女士看得見她盤旋在我們上方，雖然胡安和我學會如何將發光能量場從身體上解開，但卻尚未學到那最後的儀式。安東尼歐嚴厲地瞪著我們，下半夜我們只好坐在羅拉身旁，讓她幫助小女孩回歸無限的旅程。

——手札

死亡儀式可以協助死者回歸無限。死亡儀式包含三個步驟：

1. 總結及寬恕
2. 獲得死亡的許可
3. 最後的儀式

1. 總結及寬恕

我們希望協助親人在辭世之前爲自己的人生做總結，自靈魂世界向活著的人發出「我原諒你」的訊息，與對夢中的人說「我原諒你」而讓眞實的人聽見你的心聲，是同樣困難的。當一個人能夠對人世間的一切做總結，往往能較不費力地走過死後的世界。總結和原諒使得人生眞正地完成，於是，過去的事件不須在已踏入世界的另一邊進行人生回顧時才來尋求寬恕，許多記錄了瀕死經驗的文獻，對於這個特殊體驗都有相當正面的報告。

然而心臟科醫師莫里斯．羅林（Maurice Rawlings）針對手術檯上經歷昏迷而甦醒的病人做立即的訪談，發現近半數的人都描述到看見如地獄般的景象。羅林相信，許多人在甦醒之後，腦海中會出現白天裡壓抑的地獄般畫面，有些研究者則認爲，這些地獄景象可能是源自受試者的內心。

傑出的瀕死經驗研究專家雷門・牧迪（Raymond Moody）說：「在我研究的案例當中，審判並非來自光的世界，祂似乎無論如何都能以愛和包容接納這些人，審判是來自被審判的人內心。」我們同時是被告、判官、陪審團，我們是否已準備好原諒自己？在活著的時候對自己做原諒和總結是「總結過程」的重點。此刻家人說出平時未能加以表達的寬恕和關愛，是非常重要的事。與家人之間的坦誠贖罪和補償非常重要，如此他方能安詳地離去，你會很驚訝，一句簡單的「我愛你」（不管是臨終的父母對兒女，或是臨終的兒女對其父母）竟帶有如此強大的療癒力量。當然，這不總是簡單的事，然而一輩子的錯誤很可能在生命終了，仍得不到寬恕和補償的機會。

總結過程使你的親人有機會告訴你他的故事。獲得述說自己故事的機會就如一劑瀉藥，具有強大的療癒力，它的作用相當於在眞正死亡之前做人生的回顧。總結過程並不是針對往事反唇相譏的時刻，而是傾聽親人說故事的時候。愈快投入此一行爲，你所完成的人生回顧就愈廣泛，通過死後的旅程就愈容易。

有時開啓這樣的談話的確非常困難，尤其當你與該親人已多年未有親密的懇談。爲談話找一個切入點，譬如，要母親回想第一次遇見父親的時候，他們如何彼此追求、第一次約會的情形又如何等等。藉由問一些特定的問題，來引導她的情感。那天，她未來的丈夫身上的穿著爲何？當她遇見他時，知道他就是自己的眞命天子嗎？試著做一個體貼的傾聽者，不時發問，你將非常驚訝，當他人表現出濃厚的興趣，一個人是多麼願意去訴說他的故事。慫恿你的親人說說他的父母和童年，他上哪一所學校？那時他穿什麼？高中的時候是否迷戀上某個人？家庭生活如何？慢慢將談話引向較私密的問題：他是否須原諒誰？提醒你的親人，他可以藉由一句祈禱或祝福而原諒任何一個人。

最後，臨終之人必須原諒自己，並且明白他將受到生命完全的寬恕。最後，問他希望自己如何被紀念，希望子孫們記得他的什麼故事。總結過程藉由對一切的原諒而得到完成。協助親人放下他人對不起自己或自己對不起他人的一切不快情緒。

我父親過世的前幾個禮拜，我每天都和他坐在一塊兒，傾聽他娓娓訴說自己的故事。一開始他顯得有些猶豫，但很快他就被過去的印象給占滿，彷彿水壩決堤，往日的片斷、回憶、情感源源不絕地流出。我一開始引導他想像我們兩人坐在河邊的大圓石上，他描述到彷彿看到河水漂流的影像，河水一開始顯得灰暗而陰沈，幾天之後，兒時的影像漸漸湧上來，他向我描述著，彷彿在夢中看見。有時他低低地哽咽。後來他告訴我，他在青少年時期曾經對不起的一名男子，但幾十年來已不再想過的人。我鼓勵他感覺自己已受到原諒，並且也原諒他。

最後，我母親和孩子的影像浮現了，他仔細地向我描述每一個點點滴滴，直到安靜地打起盹來。這是非常私密的過程，過程中只有我們兩個，但最後他終於能夠將所有家人叫喚到面前，告訴我們每一個人他有多麼愛我們。這是我們第一次聽見他說「我愛你」，他一直以來都想對我們表達，只是從來都說不出口。

寬恕可以發生在總結過程之中，但切勿期待自己能創造奇蹟，認爲自己能在幾小時之內，完成原本一輩子都無法完成的療癒，人們傾向於仍舊以其活著的方式來迎接死亡，親人在面對人生的終點時，內心感覺憤怒是很自然的事，而你很容易成爲他憎恨的對象。切記小心勿對他的生氣做出反應，用過於主觀的態度看待它。當一個人正面臨死亡，強而有力的領悟力常常不請自來，其中之一就是領悟自己可以用不同的方式過活、更完全地去愛、更充分地去原諒。此一憤怒並非針對你個人而發，就讓親人自由地抒發他的情感，而用肢體的安撫與支持去回應他的憤怒。當他哭泣或表達憤怒時，握住他的手，做一個屹立不搖的散發愛及無條件支持的來源，即便是置身於怒氣的風暴中。你的親人愈是願意原諒他自己，他的憤怒將愈快轉化成悲憫。

假使親人已面臨關鍵的生死時刻，但尚未被告知自己的情形，不論如何都要讓他知道。大部分的人不管怎麼樣都會知道，因爲他們感覺得出家人態度的轉變，譬如房間裡不尋常的靜默、肅穆的說話聲、勉強的笑容等等。你的表達最好直接、溫和而帶著同情，態度的坦誠直接，等於允許親人也以坦白的態度表白自己，他會明瞭自己可以信賴你，因而說出心中的話。

2. 獲得死亡的許可

或許死亡儀式當中最重要的元素就是給與親人死亡的許可，讓他們知道自己已無須擔憂活著的人。

我的一位學生黛安，坐在臨終的母親身邊已經數個禮拜，老婦人說什麼都不願離去，不管身體狀況多麼痛苦不堪，並且已經無法進食。黛安幫母親做了好幾次光啓儀式，她和妹妹也開始原諒彼此，修復過去的關係。黛安最後才明瞭，原來她和妹妹尚未讓母親知道她已經可以安心走了。

最後她說：「媽，我們現在和妳在一起，並且非常愛妳，我們想讓妳知道，我們會好好活著，互相照顧，讓家人連繫在一起，即使我們會想念妳，但妳的離去是再自然不過的事。我們會珍惜過去所有曾經共享的美好時刻，但不想讓妳再受苦了，或者再眷戀生命，妳已經獲得我們全部的允許離開，妳知道我們會永遠愛妳。」數小時之後，她的母親嚥下最後一口氣，安詳地走了。

缺少了你對他死去的許可，你的親人可能勉強攀附著生命數月之久，遭受不必要的痛苦，也為家人帶來極大的煩惱。此份死亡的許可必須來自最親密的家人，理想上是獲得家人一致的同意，假使有一人獨排眾議，那麼其他人應鼓勵他表達出愛和寬恕。我發現到，家人之中最難度過這種訣別時刻的人，通常就是與臨終者有最大未完成事件的人，或者是他自己最害怕死去。屋內的每一種聲音都須被尊重和傾聽。若你正陪伴某人一起迎接死亡，確定所有他最接近的親人都表達出內心的話，身為治療師，你也可以加上自己的應許，但請記得，最親近的人帶有最重的份量，即使他恰巧是非常要好的密友，而不是直接的親屬或家人。

3. 最後的儀式

舉行最後儀式的人不必一定是巫師或牧師、神父，你可以為親人維持這一空間，讓大靈的手來觸碰他。最後的儀式包括兩個部分：光啓過程與釋放發光能量場。許多人告訴我，在光啓過程之中，他們不但感覺到自己死去的親人，同時還感覺到其身旁圍聚的發光靈體，彷彿是靈魂世界的接生婆，正準備好迎接這位辭世之人。

透過光啓過程，你可以創造出空間來，讓親人經驗到榮耀和自由。你很容易就陷入一種感覺，認為自己必須在幾天之內完成一輩子的療癒，尤其當親人已經接近死亡之時，你更會這麼相信。雖然如此，切記不管何時進行療癒，都不嫌晚。當死亡已經相當迫切，我們會很快明白已無多餘的時間，再沒有一個明天可以讓我們為他進行那已拖延了一輩子的治療。一個擔任羅馬天主教神父的朋友曾經對我說，臨終者的自白是最重要的，因為那通常是肺腑之言，你會發現，那竟是你一生當中最有力量的生命經驗。

最好在親人死去之前就開始光啓的儀式，因為要清除一生的印記周旁的有毒能量，可能需要數個節程。別害怕自己會吸入沾黏在其脈輪上的有毒殘渣，因為它們將被燃燒，最後轉化成光。你絕不會有任何的危險。此一過程發生在能量的層次，而不是在心理的層次，因此這些能量不致顯現成憤怒或憎恨。

萬一你發現，親人的宗教信仰不允許他經驗光啓過程，那麼別強加在他身上，你的責任不在於轉化別人的信仰，你在那裡不過是協助他發現力量、指引和靈魂的堅強，助其踏上回歸生命的旅程。

我記得曾經參與過一個朋友父親的臨終告別，那是一位信仰虔誠的八十多歲老先生。當朋友向他解釋我所從事的治療工作，他的父親不可思議地瞪著我，這名老先生謝過他的兒子，告訴他牧師每天早上都會到病房與他一同祈禱，而這樣已經足夠。他父親從前喜歡四處旅遊，於是我將話題帶到祕魯的雨林，他年輕時曾到過那兒。我們開始交換彼此在亞馬遜河港的見聞，每次談話數分鐘之後，他便開始打盹，我第三次去拜訪他時，趁機問他是否介意和我一齊祈禱，他答應了，於是我握著他的手，闔上眼睛祈禱。我發現他的太太是家人中唯一觸摸他的人，所有小孩都與他保持距離，即使參與熱烈的交談時也如此，好像害怕死亡會傳染，因此不願冒身體接觸的危險。每一次我們闔上眼祈禱，他便緊抓住我的手，幾分鐘之後便睡著了。

有一點很重要，你必須先獲得親人的同意，方可進行光啓儀式或任何死亡儀式的部分。我朋友的父親允許我與他一同祈禱，這便是進行光啓過程唯一需要的。要把手伸到他頭部後方的深層穴點和放鬆穴點，的確非常困難，因爲醫院的病床通常倚靠著牆，因此我在他側邊進行儀式。我握住他的手，每一次按壓其手上一個點，同時請求其身心機制能刺激其深層穴點，再按壓下一個不同的點時，則期盼能同時刺激到放鬆穴點。

我在其腕部按壓的穴點，與腦部的深層穴點和放鬆穴點是在同一條經絡線上，手上的深層穴點位於手腕的外側、腕關節的皺褶上，放鬆穴點則位在腕部上方約一吋、前臂的頂端和底部。我敞開正在作工的脈輪，當完成之後，再將它關閉。經過三個節程後，我們終於完成七個脈輪的光啓。朋友的父親在每一次光啓之後都會醒過來，告訴我他剛剛睡得多麼沉，或者他夢見什麼。我教朋友如何對其父親做最後的儀式，因爲我將不在場。我回來之後，得知他已在睡著的時候過世了。

光啓過程燃燒脈輪中的能量，消除發光能量場中的印記，此一過程將減輕靈魂世界中生命回顧的步驟，因爲情緒記憶已經消耗殆盡。由於已針對七個脈輪進行光啓，所以無須測試受牽連的脈輪。當你已清潔第一脈輪的污泥，順時鐘轉動它，使其回復平衡，然後繼續第二脈輪，按照光啓過程的方法和步驟。你可能無法一口氣完成七個脈輪的光啓工作，此一過程耗費的時間甚久。

最後的儀式

身體知道如何死亡，就如它知道如何出生一樣。十次之中有九次，發光能量場能夠從容地回到靈的世界；同樣的，十次的生產當中，也有九次是順利的。在生產的過程中，十分之一的情形必須冒較大的風險，即使自然生產也大多在醫院中進行，以便於在需要的時候可以馬上找到醫生。在最後的儀式中，解開脈輪只在過程無法自然順利進行時才需要。

以下的儀式主要在人們已過世之後進行，最好能夠釋放發光能量場，並即刻在人死後封住脈輪，如此能量場不致又進入軀體，或被身體上殘餘的有毒能量污染。

1. 敞開神聖空間，召喚天地和四方。
2. 擴大自己的能量場，將自己和親人包覆在內。

在雙重的神聖空間內進行儀式是非常重要的，神聖空間可以保護親人免受外界能量的干擾。雨林的居民有這樣的傳說，在死亡的時刻，所有我們曾經傷害或觸犯過的餓鬼將圍聚在床邊，索回他們應得的部分。他們會一路跟隨死者，直到他們完成報復。我則較傾向於將這些餓鬼解釋成心中的惡魔，象徵過去所有的未完成事件。那就是為何與自己的生命做總結如此重要，一旦我們這麼做，餓鬼就會被驅逐，寬恕將使它們融化成輕薄的氣。當你擴張能量場，包覆住親人，你正是在暴風雨中央創造了一座寧靜之島，在這座島嶼上，所有已經死去的親屬以及靈魂世界的治療師將前來協助死者。上亞馬遜地區的巫師流傳著這樣的說法：他們一切訓練的目的都在學習如何活著離開人世，這不表示他們想要攜帶肉身前往，而是希望在死後的旅程中仍保有清醒的意識。

3. **當親人停止了呼吸後，立刻解開脈輪。**理想上，此一步驟應在人們死亡後即刻進行，而且無論如何都不能晚於最後一口氣之後的四十小時。人們死亡後，脈輪會開始釋放原本將它們與過去事件連結的線束。脈輪的節奏瞬間改變，你可以感覺得到每一脈輪的振動頻率增加了，它們從身體上解開來，但仍舊被其內部的污泥所干擾。

由於脈輪的能量轉變得非常快速，我們將隨著一個螺旋的弧線來解開，而心正好在其中央。每一脈輪必須以逆時鐘方向旋轉，把手放在親人的心脈輪上，以手指逆時鐘旋轉三到四次，轉開脈輪。接著移往太陽神經叢、喉部、接著是第二脈輪、第六脈輪、第一脈輪，最後是頂冠脈輪。按以下的步驟進行，當你轉開脈輪時，想像你正筆劃著一個大螺旋體，而心臟為其中心。小心地遵循這些步驟。

4. 當你移往第三脈輪（太陽神經叢）時，以手筆劃螺旋形的弧線，重複以上的步驟。轉開第三脈輪後，回到心臟，感覺那脈輪，再重描一次螺旋弧線，下到第三脈輪，上至喉部脈輪。

5. 在每一脈輪上做此動作，每解開一個脈輪，讓手回到心臟。最後釋放的脈輪應是頂冠脈輪。在這之前，你已經在死者身上劃了無數個大螺旋，親人的發光能量場將從此一脈輪流出。

6. 從親人的腳部輕推能量，挪動能量場，使其鬆開。將雙掌置於親人的腳底，右手掌放在左腳底，左手掌放在右腳底。想像能量從手掌湧出，進到他的身體。發光能量場有時會黏附在脈輪上，即使它們已被解開。此一步驟在於輕推能量場，使它從身體上掙脫出來。在大部分的例子裡，只要脈輪一被解開，能量場會馬上脫逃而出，因此這一步驟及下一步驟便不再需要。

7. 吸出發光能量場。移到死者的頭部，雙手輕搖他的頭。輕輕握住其頭部一會兒，讓他知道他可以放心走了，告訴他你不會讓他擔憂，並且愛著他。請記得，他仍聽得見你，慢慢將這些話溫和而堅定地表達出來。把手移向頭部後方，輕輕在其頭上施加壓力，從其頂冠脈輪上將能量場吸出，當能量場掙脫出來時，你將感到一股巨大的能量流動。一名學生曾描述，當母親的能量場解脫之後，他和兄弟姐妹們反而化悲爲喜，流下欣慰的眼淚，房間內滿溢著一股難以形容的祥和。發光能量場有時不總是從頂冠脈輪流出，也可能從任一它認爲已準備好的脈輪流出，我自己便曾看過能量場從第二脈輪及

圖六：「最後的儀式」當中渦旋的脈輪

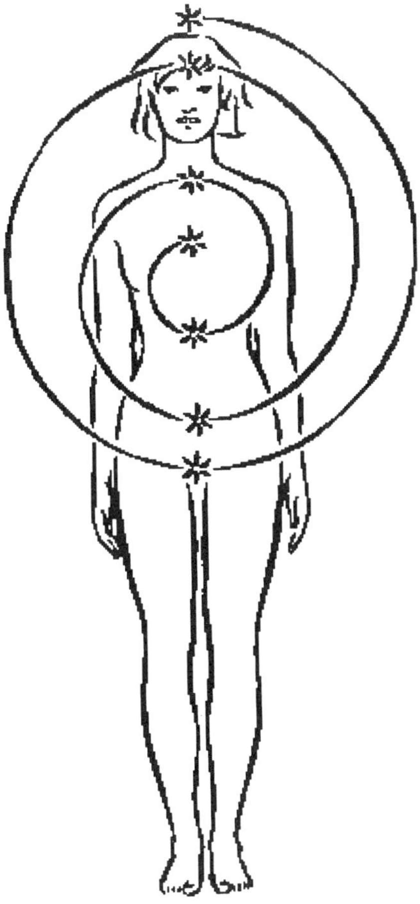

心脈輪流出的例子。

8. 封閉脈輪，用大姆指和食指在每一脈輪上劃十字。封住脈輪可免於能量場再回到已無生命的軀殼上。在做這個動作時，可使用聖水或香精油。請務必明白，「十字」這個標記遠比基督教還要古老，代表把通往肉身的入口封住，這具肉身已不再使用。

在基督教的傳統裡，你可以發現到一項類似的習俗與此最後的儀式相關，只是這一儀式的意義早已被遺忘。牧師在死者的前額和心窩處塗上油，並用聖水在其上劃十字，他很可能未意識到，他此舉可能把死者的能量場鎖在軀體內，使靈魂困在已無生命的軀殼中。當此情形發生時，此人可能會繼續以爲自己是那具腐朽的身體。如果他正是那十分之一未自動回到靈魂世界的靈魂，他可能必須持續等待，直到肉身完全腐化分解，再沒有剩下的物質可以讓他（能量場）依附爲止。

我第一次主持死亡儀式的時候是我的父親過世時，當時我和他在佛羅里達，他突然陷入昏迷。我、我的姊姊和母親徹夜不眠地守在病榻邊，握住他的手，讓他知道我們愛他，並且會好好地過日子，他不需要替我們擔心。我們就這樣持續了好幾天。有一次作完這樣的溝通之後，我和姊姊走出房間去買三明治，我們回來後，發現他已經沒了呼吸，一名年輕的羅馬天主教神父正站在床邊主持最後的儀式。

我輕輕地推了推那名神父，示意他走出房間，然後將門鎖上。當我解開父親的脈輪時，我發現他的發光能量場從心脈輪的部位逃脫了。一旦他的脈輪自由了，其能量場也從身體上分離出來。它所需要的不過是愛的傳達，從腳底輕輕地往前推進。房間內的氣氛很快變得不一樣，我們感到一股如置身教堂中般的寧靜，而非在醫院。我的母親止住了哭泣，三個人相擁在一起。我們意識到房間內父親的存在，感覺到他已擺脫了去年一整年因殘疾而遭受的痛苦。我封住了他的脈輪，把門打開，邀請年輕的神父來完成他的儀式。

治療師必須盡力給與死者靈魂上的協助，並且儘量以委婉的方式進行。請謹記，你身邊的每一個人都需要治療，不只是死者。有時他的家人會希望你主導整個過程，只是因爲想逃避面對死亡的衝擊，千萬小心別陷入這種情況。治療師最重要的工作是維繫神聖空間，在死亡的過程中，每一個感覺都會被擴大。過去痛苦的事件、對死亡的困惑、屋內家庭成員的感傷等等，都會使混亂加劇。當你在你的能量場之中握著親人，你正是創造了一片祥和的綠洲，在那平靜之中，死者將會重新加入、認出摯愛的親人，並且向在另一端等待的發光治療師致意。

象徵性的死亡

巫師透過靈魂的飛翔而學習到死亡後旅程的種種，他們相信，現在學習通往無限的道路是非常重要的事，因爲我們尙擁有身軀而得以讓我們回返。他們投入於一個象徵性死亡而悠遊於死後世界的儀式之中，他們將在那兒接受力量強大的療癒禮物。藉由練習靈魂的飛翔（西方人有時稱其爲離開軀體的經驗）和冥想，巫師們能夠掌握死後世界的景況。在生命的另一端，他們發現到的只是生命，死後的旅程其實是一種形態轉化的原型象徵，並且在世界各地的文化中都能發現。此一步向神聖的旅程由基督這個角色來詮釋，他花了三天的時間與死者共處，之後才在人世復活。

原住民族群的口述神話之中總是充滿各種各樣的故事，描述一個人在走向光的旅程中所面臨的種種挑戰。這些考驗包括遇上惡魔、多頭怪獸、餓鬼、鬼魂、妖怪等等所有夢魘之中可能出現的角色。神話不僅提供給我們有關於這些際遇的詳細描述，同時還提供了足以征服這些挑戰的策略。如果你仔細研究這些故事，你會發現，英雄之所以獲得成功，通常是經由意識的轉化，而非經由戰鬥。當赫丘力士面對多頭蛇妖海德拉，他發現，每一次砍下其中一個頭，便又會生出兩個頭來。

一個亞馬遜巫師曾告訴我，當他在一次靈魂飛翔的旅途中遇到巨蟒，不論他跑得如何快，巨蟒都能夠追上他，最後，牠在他面前抬起身來，張開那如深穴般的大口，他看到了上方有著稜紋的軟齶，確信這大蛇即將要把他吞噬。就在那一刻，害怕而顫抖地，他縱身跳進巨蛇的喉嚨，被牠呑進了腹中。他的身軀被擠壓，直到全身骨頭碎裂。然後他發現，他竟能夠以蛇的眼睛來看，感覺土地在其腹下的質感。他以那大蛇的形體繼續完成了他的旅程，如今他每次進行靈魂的飛翔，蛇便能夠引導他前進。

每一個宗教都有一套描述死後旅程的架構，當中包含了如何獲得自由的指示，也提到了關於到達之後將發現什麼的詳盡說明。其中最知名的要算《西藏渡亡經》（*Tibetan Book of the Dead*），如同埃及的生死書，不僅當中對靈魂世界的描述受到讚譽，也更因爲它實際上透露了生命的祕密。它所描繪的地圖對於人們面臨死亡之時非常有用，但是在協助人們了解生命的祕密這一點上，則更加重要。當我們明白，生命將在不滅的永恆之中延續，我們便獲得了自由。死亡將不再於暗處威脅，而我們最終都將發現那棲住於無限中的自我。

後記——

走出時間之外

馬丘比丘是印加第九任國王帕恰庫戴克所興建，他建立了與今日美國領土規模相近的大帝國。帕恰庫戴克的意思即「世界的更新者」，他並且具現了印加預言之中，有關在時間盡頭之處另一新時期即將到來的要義，印加人稱此爲「帕恰庫提」（pachacuti）。印加語的「pacha」意爲「土地」或「時間」，「cuti」意爲「上下反轉」，因此「pachacuti」指的就是土地經歷劇變之時。

他們的上一次劇變發生在西班牙征服者抵達之時，當時整個印第安世界經歷了一次全面性地翻轉，原本的秩序被破壞，取而代之的是一片混沌。國王和酋長被處死，巫醫被奴役，印第安的男男女女被遣送至農場和礦場做苦工。再接下來的一次劇變，根據印加巫師的說法已經開始，這段時期的震動和混亂特質會一直持續到二〇一二年。這段期間裡，世界將再度面臨乾坤的反轉，歐洲文明所帶來的土地掠奪模式將告終結，「土地民族」（Earth peoples）將回過頭來掌控一切。原先的征服者將因自身的刀刃而步向衰亡，土地又復歸平衡。

對印加人而言，「帕恰庫提」意謂我們所熟稱的世界末日，雖然預言當中曾提到此一滅絕的可能性，但也確實允諾了和平之千禧曙光的到來；就在此混亂時期之後開始。然而對巫師而言，更重要的恐怕是，預言中還提到了時間線性本身將出現裂隙，如同一扇窗戶可望向未來，在那兒，新的人種將會出現。安東尼歐曾經說到，人類（Homo sapiens）已經消失，一種新的人類——「發光人」（Homo luminus）將立即在本星球誕生。有趣的是，我的導師相信，演化發生於同一世代的人身上，而非生物學所認定的世代與世代之間。此話意謂，我們就是那新的人類，就是那被期待誕生的；我們的問題不再是人類可否作一次大跳躍，變成未來的人，而是「我們」敢不敢這麼做。

曼紐爾．吉斯普先生已經掌握了一個真正的全球觀點，他了解到，土地上所有民族的命運都彼此交織糾纏，他相信，印加預言就像赫必和馬雅族的預言一樣，都是針對一切人種和民族的，它們奠基於「慕內」（munay）這一無條件的愛的力量。

多年來，曼紐爾一直很歡迎我參與他的私人儀式。我想起曾經在庫斯柯城外的一次祭儀當中，遇見印加巫醫中最年老的一位，他的地位相當於藏族的達賴喇嘛。我們坐在印加的遺址上，四周環繞高聳的山峰，座座從頭頂向上延伸超過一英里，雖然我們已置身在一萬一千呎高的山上。巫師在手指間夾了三片古柯葉，開始祈禱。祈禱詞對著葉片吐出，召喚山巒和大地之母的靈。我感覺彷彿白雪覆蓋的山峰出現在儀式之中，突然間，它們已不在我們周圍和上方，而是在我身旁，或者說我在它們旁邊，置身在其間的青翠山谷中。他相信，印第安人的療癒儀式和知識屬於整座星球，他在一次前往奧桑加地聖山的旅途中，明白地向我解釋。

我們在帕羌塔（Pachanta Pampa）準備最後的一程，以趕赴一萬四千呎高的營區。接下來的六天，我將和印加長老一同吃、住並參與其儀式。奧桑加地山高約海拔兩萬兩千呎，以「暴風環伺的山」聞名。我們恰於七月、南美洲的隆冬之際作攀登之事。根據傳說，雲霧之所以持續遮蔽住山峰，是因爲巫師來到聖山正中央的華卡——力量之地進行儀式之故。

「你必須把馬的眼罩取下後，才能上馬。」這名印第安巫師以混雜著西班牙語和基秋亞語的腔調解釋著。「牠很容易受驚嚇。」我看著我的馬——僅僅稍大於矮種馬，以及那條遮住牠眼睛的大手帕，「該死。」我低吼一聲。「牠是隻好馬，」印第安人繼續說道，注意到我的猶豫不決，「雖然小，但是很不錯，在這種高度，高大的馬反而會出現心臟不勝負荷的情形。」我抬頭望，天空中毫無一絲藍色，事實上，看起來隨時會下雪，不是我喜歡的天氣，我轉向那名拉著那矇著大手帕的馬的馬夫，說道：「我想我還是走路吧，謝謝你。」

華卡是神聖的，但也是危險的地方，在那裡，分隔兩個世界的薄紗變得特別薄，對於時間和空間的知覺會變得模糊，那裡是「可賽」——天地造物之原始能量滲入此一世界的地方，巫師可在此處影響過去發生的事件，並且占卜命運的走向。在眾多印加華卡裡，力量最強大的就在奧桑加地山，每年有七萬名朝聖者來此會合（當中有許多是男女巫師），爲的就是參加美洲最大的印第安慶典「柯洛里提」（Collor R'iti），即雪星之祭。此一慶典在山上某些地區公開舉行，我們將進到山的中心之處，到達某一冰河底端的地點，那裡只有曼紐爾和其他幾名長老知道。我們來這裡，是要目睹印加預言中有關新時代到來的釋義。

在一萬四千呎的高度上，朝上踏出的每一步都是一次冥想。步行了三小時後，我後悔剛才沒有選擇騎馬，不管牠戴不戴眼罩，不過倒是有一項意外的祝福，即和我一塊步行的是五十多位巫師。在我身旁的是曼紐爾先生，他說印加人是不騎馬的，「牠們是西班牙人的。」他說。隊伍中的其餘成員則大多已步行了更長的路程，他們更適合騎馬。我們所走的路徑得穿過及膝深的冰河水，我的Gore-Tex靴子整個溼透了，每踩出一步而擠壓它時，在旁的婦人嬉笑著，指她們腳上用舊輪胎做的拖鞋要好得太多了，它們在稀薄的空氣中能很快變乾。

「我們自時間起始的那一刻就住在山裡，」曼紐爾解釋，「甚至早於庫斯科城建立之前。在此人世之前的居住者拿帕魯納（Naupa Runa），被太陽之子驅逐，我們的祖先於是定居在山巔上。我們一直以來都與聖山住在一起。」當西班牙人來到此地，一部分的印加巫師回到山裡，以逃避教會和征服者的蹂躪。幾世紀以來，他們被認爲是傳說、是遠古的神話。之後，大約在五十年前，他們從山上下來參加柯洛里提慶典，被巫醫們認出他們就是太陽的最後一批子民。傳說中提到，當他們穿著繡有太陽徽記的毛氈外套首度出現時，在萬人聚集的場地中央現出一條通道，長老們歡迎地說道：「我們已經等了你們五百年。」

我問曼紐爾先生，爲何他們要從高山上下來，他說，預言之中早已這麼說明。這五百年來，他們目睹了征服者的所作所爲——污染河川、建立城市、改變天氣形態等等徵兆。他解釋，他們被交付一項任務，即預言世界的末日。「每個人都可成爲預言者。」

曼紐爾說。「我們一直是整體過程、儀式的守護者，促成人們成爲人，成爲星球。這些過程不僅屬於印第安人，也屬於全世界。它被稱爲摩索克．卡佩（mosok karpay），即時間到來的儀式。」

我要曼紐爾先生說明這些過程爲何。「我們的預言都寫在石頭上，」他說，「我們沒有書寫的語言，只有自己的編織技藝和石頭。假使你能了解馬丘比丘和這個古城中的石頭，」他繼續說：「你就能了解庫斯科，馬丘比丘正是庫斯科的縮影。假使你了解庫斯科，你便了解整個印加帝國。」說到此，他停頓了一下，我趁機靠在身旁的圓石上喘口氣。我們離阿祖可恰（Azulcocha）已不到一英里，那裡就是我們的基地營，位於山中央的藍湖（Blue Lagoon）畔。圍繞我們的是一堆堆的祈禱石塔（apachetas），是先前與我們踏上同一旅程的朝聖者堆砌起來的。石頭被小心地疊起，做成數個五到六呎高的石塔。我所倚靠的圓石正是其中一個石塔的基座，曼紐爾指出，它們標記著進入內在的空間，即山的中心。他在我身旁蹲下，打開他的療癒包（mesa），當中是一些療癒石和具有力量的物件，每位薩滿都會隨身攜帶這樣的布包。「假使你了解療癒包，」他說著，小心翼翼打開它們，露出裡面的石頭，「你便了解馬丘比丘和預言。」

薩滿在療癒自己的過程中獲得了療癒石，每一顆石頭代表一個傷口，它已經被轉化成智慧和勇氣之源。在過程之中，他清除了發光能量場中的因果印記，以及脈輪上的有毒污泥。如今在解脫了過去印記的魔掌之後，他將脫胎換骨成爲另一個人。他的脈輪伸出發光的線束，包纏住時間的此端與彼端，將自己牢牢繫於無限之中。過往及未來的智慧和教誨會透過這些光束流動，他因而能記起古老的神話，回想那尚未被述說的故事。於是，他能夠以不同的方式衰老、療癒，以及死亡，他可以成爲一名印加人、太陽之子、發光人。

在時間這一獨裁者的盡頭處……世界上每一個宗教都提出對此的論述。在猶太教裡，彌賽亞將在時間終了的時刻降臨。在基督教裡，一旦基督現身，時間於是結束，生者與死者會一同升天接受審判。有趣的是，他們皆假定時間只朝一個方向流動，當所有分秒用罄之時，抵達時間的盡頭便像是某件一定會發生的事。

我發現，就安東尼歐、羅拉、曼紐爾和他們的同伴而言，走出時間的線性只是一個過程，而非某件在遙遠的未來即將發生的事。要能這麼做，關鍵元素是光啓過程。此時，他們不用敞開神聖空間、把可賽能量帶進來作療癒的方法，而是進到空間內，回到他們稱為「泰克西慕」(texemuy) 的本源之處。一個擔任耶穌會神父的朋友曾經要我帶他參加這類儀式，但我拒絕了。儀式之中，巫師將找回那從未離開伊甸園、仍舊與神交談、且從不衰亡的自我；那可是十分頑固的東西。每個人都在等待來世和不朽，但巫師會說：「既然那樣，那今晚要做什麼呢？」

時間的問題是，它和因果律牢牢相繫；原因和結果深深相連，我今天是誰源於昨天或十年前所發生的事。伴隨因果律而來的詛咒是心理學家，他們拔起童年時期播種的雜草，耙出葉叢，斬斷其莖梗，卻從未把根拔除。以致它們繼續繁衍相同的病狀，忘了為未來的可能性播種。因果律宣判你註定要一輩子凡俗而平庸。

我對於巫師這一套非因果關係的概念深感興趣。安東尼歐說，他是發起我們倆會面的人。他宣稱，要找到他是不可能的事，假使五百年來，西班牙的征服者和傳教士都無法找到他和他的人民，你想我是誰能夠找到他？

今晚是「走出時間之外」的好時刻，無限是十分有耐性的。

——手札

意猶未盡之後

我邀請你與我分享巫術治療的種種經驗。請寄送電子郵件給阿貝托．維洛多博士：villoldo@thefourwinds.com，我很樂意傾聽你成功的經驗或困難之處。你也可以拜訪我們的網站：thefourwinds.com，查看有關巫術治療的文章、照片和影像資料。關於我與巫士導師安東尼歐在亞馬遜和安地斯高山上的探險紀錄，請見我的另外兩本著作：《四風之舞》（*Dance of the Foru Winds*）和《日之島》（*Island of the Sun*）。

想獲取「發光能量治療學校」和維洛多博士所開課程的相關訊息，請查看我們的網站或致電0021（310）454-0444。

生命潛能出版圖書目錄

心靈成長系列		作者	譯者	定價
ST0109	冥想的藝術	葛文	蕭順涵	130
ST0111	如何激發自我潛能	山口　彰	鄭清清	170
ST0115	做自己的心理醫生	費思特	蔡素芬	180
ST0119	你愛自己嗎？	保羅	蘇晴	250
ST0122	影響你生命的十二原型	皮爾森	張蘭馨	350
ST0124	工作中的人性反思	柯萬	張金興	200
ST0125	平靜安穩	匿名氏	李文英	180
ST0126	豐富年年	波耶特	侯麗煬	280
ST0127	心想事成	葛文	穆怡梅	250
ST0131	沒有你我該怎麼辦？	米勒	許梅芳	130
ST0133	天生我材必有用	米勒＆梅特森	鄧文華	210
ST0136	一個幸福的婚禮	約翰・李	區詠熙	260
ST0137	快樂生活的新好男人	巴希克	陳蒼多	280
ST0139	通向平靜之路——根絕上癮行為的新認知法則	約瑟夫・貝利	黃春華	180
ST0140	心靈之旅	珍妮佛・詹姆絲	侯麗煬	200
ST0142	理性出發	麥克納	陳蒼多	200
ST0143	向惡言惡語挑戰	詹姆絲	許梅芳	220
ST0144	珍愛	碧提	黃春華	190
ST0145	打開心靈的視野	海瑟頓	鄧文華	320
ST0147	揭開自我之謎	戴安	黃春華	150
ST0148	自我親職——如何做自己的好父母	波拉德	鄧文華	200
ST0149	揮別傷痛	布萊克	喬安	150
ST0151	我該如何幫助你？	高登	高麗娟	200
ST0152	戒癮十二法則	克里夫蘭＆愛莉絲	穆怡梅	180
ST0153	電視心理學	早坂泰次郎＆北林才知		200
ST0154	自我治療在人生的旅程上	羅森	喬安	200
ST0155	快樂是你的選擇	維拉妮卡・雷	陳逸群	250
ST0156	歡暢的每一天	蘇・班德	江孟蓉	180
ST0157	夢境地圖	吉莉安・荷洛薇	陳琇／楊玄璋	200
ST0158	感官復甦工作坊	查爾斯・布魯克		180
ST0159	扭轉心靈危機	克里斯・克藍克	許梅芳	320
ST0160	創痛原是一種福分	貝佛莉・恩格	謝青峰	250
ST0161	與慈悲的宇宙連結	拉姆・達斯＆保羅・高曼	許桂綿	250
ST0165	重塑心靈	許宜銘		250
ST0166	聆聽心靈樂音	馬修	李芸玫	220
ST0167	敞開心靈暗房	提恩・戴唐	陳世玲／吳夢峰	280
ST0168	無為，很好	史提芬・哈里森	于而彥	150

ST0169	心的嘉年華會	拉瑪大師	陳逸群	280
ST0170	釋放焦慮七大祕訣	A.M.瑪修	蕭順涵	160
ST0172	量身訂做潛能體操	蓋兒・克絲&席拉・丹娜	黃志光	220
ST0173	你當然可以生氣	蓋莉・羅塞里尼&馬克・瓦登	謝青峰	200
ST0175	讓心無懼	蘭達・布里登	陳逸群	280
ST0176	心靈舞台	薇薇安・金	陳逸群	280
ST0177	把神祕喝個夠	王靜蓉		250
ST0178	喜悅之道	珊娜雅・羅曼	王季慶	220
ST0179	最高意志的修煉	陶利・柏肯	江孟蓉	220
ST0180	靈魂調色盤	凱西・馬奇歐迪	陳麗芳	320
ST0181	情緒爆發力	麥可・史凱	周晴燕	220
ST0182	立方體的祕密	安妮＆斯羅波登	黃寶敏	260
ST0183	給生活一帖力量——現代人的靈性維他命	芭芭拉・伯格	周晴燕	200
ST0184	治療師的懺悔——頂尖治療師的失誤個案經驗分享	傑弗瑞・柯特勒＆瓊恩・卡森	胡茉玲	280
ST0185	玩出塔羅趣味	M.J.阿芭迪	盧娜	280
ST0186	瑜伽上師最後的十堂課	艾莉絲・克麗斯坦森	林惠瑟	250
ST0187	靈魂占星筆記	瑪格麗特・庫曼	羅孝英／陳惠嬪	250
ST0188	催眠之聲伴隨你（新版）	米爾頓・艾瑞克森&史德奈・羅森	蕭德蘭	320
ST0189	通靈工作坊——綻放你內在的直覺力與靈性潛能	金・雀絲妮	許桂綿	280
ST0190	創造金錢（上冊）——運用磁力彰顯財富的技巧	珊娜雅・羅曼＆杜安・派克	沈友娣	200
ST0191	創造金錢（下冊）——協助你開創人生志業的訣竅	珊娜雅・羅曼＆杜安・派克	羅孝英	200
ST0192	愛與生存的勇氣——自我關係療法的詮釋與運用	史蒂芬・吉利根	蕭德蘭、劉安康、黃正頤 梁美玉等	320
ST0193	水晶光能啟蒙——礦石是你蛻變與轉化的資產	卡崔娜・拉斐爾	鄭婷玫	250
ST0194	神聖占星學——強化能量的鍊金術	道維・史卓思納	張振林	250
ST0195	擁舞生命潛能（新版）	許宜銘		220
ST0196	內在男人，內在女人——探索內在男女能量對關係與工作的影響	莎加培雅	沙微塔	250
ST0197	人體氣場彩光學	喬漢娜・費斯林傑＆貝緹娜・費斯林傑	遠音編譯群	250
ST0198	水晶高頻治療——運用水晶平衡精微能量系統	卡崔娜・拉斐爾	弈蘭	280

健康種子系列		作者	譯者	定價
ST9001	身心合一	肯恩・戴特沃德	邱溫	250
ST9002	同類療法I—健康新抉擇	維登・麥凱博	陳逸群	250
ST9003	同類療法II—改善你的體質	維登・麥凱博	陳逸群	300
ST9004	抗癌策略	安・法瑞＆戴夫・法瑞	江孟蓉	220
ST9005	自我健康催眠	史丹利・費雪	季欣	220
ST9006	肢體療法百科	瑪加・奈思特	邱溫	360
ST9007	21世紀醫療革命：自然醫學	黃俊傑醫師		320
ST9010	腦力營養策略	藍格＆席爾	陳麗芳	250
ST9011	飲食防癌	羅伯特・哈瑟瑞	邱溫	280
ST9012	雨林藥草居家療方	阿維戈＆愛普斯汀	許桂綿	280
ST9014	呼吸重生療法—— 身心整合與釋放壓力的另類選擇	凱瑟琳・道林	廖世德	250
ST9016	讓妳年輕10歲、多活10年	戴維・賴伯克	黃文慧	250
ST9017	身心調癒地圖	黛比・夏比洛	邱溫	320
ST9018	靈性治療的藝術	凱思・雪伍	林妙香	270
ST9019	巴哈花療法，心靈的解藥	大衛・威奈爾	黃寶敏	250
ST9021	逆轉癌症—— 恢復生命力的九大自療療程	席瓦妮・古曼 （附引導式自療冥想CD）	周晴燕	250
ST9022	印加靈魂復元療法—— 跨越時間之河修復生命、改造未來	阿貝托・維洛多博士	許桂綿	280
ST9023	靈氣108問—— 以雙手傳遞宇宙生命能量的新時代療法	萊絲蜜・寶拉・賀倫	欣芬	240
ST9024	印加巫士的智慧洞見—— 成為地球守護者的操練與挑戰	阿貝托・維洛多博士	奕蘭	280
ST9025	靈氣為你帶來豐盛	萊絲蜜・寶拉	胡澤芬	220
ST9026	不疼不痛安心過生活—— 解除你的疼痛	克利斯・威爾斯＆ 葛瑞姆・諾恩	陳麗芳	280
ST9027	印加能量療法（新版）—— 一位人類學家的薩滿學習之旅	阿貝托・維洛多博士	許桂綿	300

心靈塔羅系列		作者	譯者	定價
ST11001	古埃及神圖塔羅牌 （78張塔羅牌＋書＋神圖占卜棋盤）	白中道博士	蕭靜如繪圖	780
ST11002	大天使神諭占卜卡 （45張大天使卡＋書＋絲絨袋）	朵琳・芙秋博士	王愉淑	680
ST11003	女神神諭占卜卡 （44張女神卡＋書＋絲絨袋）	朵琳・芙秋博士	陶世惠	780
ST11004	守護天使指引卡 （44張守護天使卡＋書＋絲絨袋）	朵琳・芙秋博士	陶世惠	780
ST11005	揚昇大師神諭卡 （44張揚昇大師卡＋書＋絲絨袋）	朵琳・芙秋博士	鄭婷玫	780

ST0199	和內在的自己玩遊戲	潔娜．黛安	黃春華	200
ST01100	和內在的自己作朋友	潔娜．黛安	黃春華	200
ST01101	個人覺醒的力量—— 增強心靈感知與能量運作 的能力	珊娜雅．羅曼	羅孝英	270
ST01102	召喚天使—— 邀請天使能量共創幸福奇蹟	朵琳．芙秋博士	王愉淑	280
ST01103	克里昂靈性寓言故事—— 以高層心靈的視界， 突破此生的課題與業力	李．卡羅	邱俊銘	250
ST01104	新世紀揚昇之光—— 開啟高次元宇宙奧祕 與揚昇之鑰	黛安娜．庫柏	鄭婷玫	300
ST01105	預知生命大蛻變—— 由恐懼走向愛的聖魂進化旅程	弗瑞德．思特靈	邱俊銘	320
ST01106	古代神祕學院入門書—— 超感應能力與脈輪開通訓練	道格拉斯．德龍	陶世惠	270
ST01107	曼陀羅小宇宙—— 彩繪曼陀羅豐富你的生命	蘇珊．芬徹	游琬娟	300
ST01108	家族系統排列治療精華—— 愛的根源回溯找回個人生命力量	史瓦吉多	林群華、黃翎展	380
ST01109	啟動神祕療癒能量—— 古代神祕學院進階療癒技巧	道格拉斯．德龍	奕蘭	280
ST01110	玩多元藝術解放壓力	露西雅．卡帕席恩	沈文玉	350

美麗身心系列		作者	譯者	定價
ST80001	雙人親密瑜伽—— 用身體來溝通、分享愛和喜悅	米夏巴耶	林惠瑟	300
ST80002	花草能量芳香療法—— 融合陰陽五行發揮精油 情緒調理的功效	蓋布利爾．莫傑	陳麗芳	320
ST80003	圖解同類療法——37種 常見病痛的處方及藥物寶典	羅賓．海菲德	陳明堯	250
ST80004	圖解按摩手法—— 體驗雙手探索身體的樂趣	伯尼．羅文	林妙香	250
ST80005	水晶身心靈療方	海瑟．芮芳	鄭婷玫	360
ST80006	五大元素療癒瑜伽—— 整合脈輪的瑜伽體位法	安碧卡南達大師	林瑞堂	380
ST80007	樹的療癒能量	派屈斯．布夏頓	許桂綿	320
ST80008	靈氣情緒平衡療方	坦瑪雅．侯內沃	胡澤芬	320

健康種子 ㉗

印加能量療法——一位心理學家的薩滿學習之旅

作　　者／阿貝托・維洛多博士 Alberto Villoldo, PH. D.
譯　　者／許桂綿
發 行 人／許宜銘
行銷經理／陳伯文
總 編 輯／黃寶敏
執行編輯／王美智
出版發行／生命潛能文化事業有限公司
聯絡地址／台北市信義區和平東路三段509巷7弄3號1F
聯絡電話／(02)2378-3399
傳　　真／(02)2378-0011
郵政劃撥／17073315（戶名：生命潛能文化事業有限公司）
E-mail: tgblife@ms27.hinet. net
http: //www.tgblife. com.tw

總 經 銷／吳氏圖書有限公司・電話／(02)3234-0036
印　　刷／承峰美術印刷・電話／(02)2225-7055

2008年7月二版一刷
定價：300元
ISBN: 978-986-7349-70-5
SHAMAN, HEALER, SAGE

國家圖書館出版品預行編目資料

印加能量療法：一位心理學家的薩滿學習之旅／阿貝托・維洛多（Alberto Villoldo）著；許桂綿譯. -- 二版. --臺北市：生命潛能文化, 2008.07
面；　公分. --（健康種子；27）

譯自：Shaman, healer, sage : how to heal yourself and others with the energy medicine of the Americas
ISBN 978-986-7349-70-5（平裝）

1. 薩滿教 2. 宗教療法 3. 另類療法 4. 能量 5. 南美洲

276.4　　97011275

讓生命潛能 帶你探索心靈世界的真、善、美
Life Potential Publishing Co., Ltd